湖北省公益学术著作出版专项资金资助

跨区域合作视角下
大别山区旅游协作发展策略研究
——以英山县石头咀镇为例

KUA QUYU HEZUO SHIJIAO XIA DABIE SHAN QU LÜYOU XIEZUO FAZHAN CELÜE YANJIU
——YI YINGSHAN XIAN SHITOUZUI ZHEN WEILI

王 旭 陈昆仑 著

中国地质大学出版社
ZHONGGUO DIZHI DAXUE CHUBANSHE

图书在版编目(CIP)数据

跨区域合作视角下大别山区旅游协作发展策略研究:以英山县石头咀镇为例/王旭,陈昆仑著. —武汉:中国地质大学出版社,2023.1
ISBN 978-7-5625-5261-1

Ⅰ.①跨… Ⅱ.①王…②陈… Ⅲ.①大别山-旅游业发展-研究-英山县 Ⅳ.①F592.763.4

中国版本图书馆 CIP 数据核字(2022)第 076172 号

跨区域合作视角下大别山区旅游协作发展策略研究——以英山县石头咀镇为例

王 旭 陈昆仑 著

责任编辑:张 林 洪梦茜	选题策划:洪梦茜 张 林	责任校对:徐蕾蕾

出版发行:中国地质大学出版社(武汉市洪山区鲁磨路388号)　　邮编:430074
电　　话:(027)67883511　　传　　真:(027)67883580　　E-mail:cbb@cug.edu.cn
经　　销:全国新华书店　　　　　　　　　　　　　　　　　　http://cugp.cug.edu.cn

开本:787毫米×1 092毫米 1/16	字数:199千字　印张:7.75
版次:2023年1月第1版	印次:2023年1月第1次印刷
印刷:武汉市籍缘印刷厂	

ISBN 978-7-5625-5261-1　　　　　　　　　　　　　　　　　　　　　　　定价:78.00元

如有印装质量问题请与印刷厂联系调换

前 言
PREFACE

当前,在全面建成小康社会的时代大背景下,我国已进入大众旅游时代,大众对旅游的需求也从低层次向高品质、多样化转变,由注重观光向兼顾观光、休闲、度假与体验转变,这使得我国旅游业的发展既迎来了机遇,也面临着一定的挑战。随着我国经济的快速发展,区域间的联系更加紧密,而跨区域旅游是未来旅游业发展的必然趋势。如何将各地区的旅游资源有效整合,谋求共同发展,也成为当前社会关注与研究的重点。

随着经济的发展和人民群众生活水平的提高,旅游业成为我国各地区竞相培育的重要经济增长点。大别山位于湖北省、安徽省、河南省三省交界处,是我国中部地区自西向东蜿蜒于长江和淮河之间的一条重要山脉。大别山生态环境优美,自然资源丰富,历史人文资源深厚。作为我国的革命老区,大别山不仅是仅次于中央苏区的全国第二大苏区——鄂豫皖革命根据地,还是转战10余省、歼敌30余万的红四方面军的发源地,在中国革命史上具有非常重要的地位。这里拥有珍贵的历史遗迹及文物,红色资源得天独厚。就目前来看,大别山各区域间缺乏有效合作,各类资源被孤立开发,未形成一定的合作关系,而已开发的景区景点也处于孤立发展状态,开发模式较为单一,对游客吸引力较低。除此之外,大别山曾是全国集中连片特殊困难地区之一,其经济水平与基础设施条件也远落后于其他地区。因此,打破行政壁垒、加强区域间资源整合、带动旅游业的联动发展,是促进大别山区经济水平增长的有效手段。

英山县地处大别山区腹地中心,生态环境优美,旅游资源优质,是典型的绿水青山地区,可以成为践行生态文明建设,实现"绿水青山"向"金山银山"转换的示范地区。笔者分析英山县石头咀镇现有旅游资源后发现,其资源较为分散,旅游资源保护不力,且品牌形象塑造、营销与宣传滞后,未形成完善的管理体制,相比周边其他地区,表现出明显的滞后,与其优质的旅游资源严重不匹配。为推动当地脱贫致富,当地政府致力于将其打造成湖北省重要的生态旅游名镇,根据石头咀镇的区位条件、资源条件以及在英山县旅游产业体系中的地位,以生态文明建设为主体,抓住美丽乡村建设的重大机遇,在生态文明背景和绿色、共享发展理念指导下,从跨区域合作视角出发,对现存的自然景观资源和历史人文资源进行调查、评价,研究石头咀镇及其周边旅游资源和旅游空间的整合状况,对旅游景点进行空间重构,通过建立景点间的相互联系,梳理旅游资源的空间关系,优化旅游线路设计,来提升旅游活动的组织水平。根据整个镇域的资源分布特征划分活动功能片区,再依据每个片区的主题功能设置相应的旅游活动项目,打造集观光、休闲、体验、研学、度假于一体的旅游产品。综上所述,加强区域间旅游资源的优势互补,优化旅游空间布局,构筑新型旅游功能区是新时代背景下旅游业转型升级的关键,是今后一个时期发展的重点,更是实现旅游业可持续发展的重要举措。依托案例地区独特的资源优势,对旅游资源、旅游线路、旅游产品进行重新整合升级,不仅能够厘清当地的旅游发展逻辑,还能协调周边地区形成区域旅游发展的合力,并在此基础上助力大别山区经济发展,巩固区域脱贫致富成果,提升区域旅游竞争力。

  本书引用了许多相关文献资料,未能一一列出,在此向这些文献资料作者表示衷心的感谢。在本书正式出版之际,特向支持、帮助过本书撰写与出版的有关单位领导和专家一并致以衷心的感谢。

  由于作者所掌握的数据资料和研究水平有限,书中难免存在一些不足之处,敬请读者批评指正。

笔者
2022 年 5 月

目 录
CONTENT

第一章 绪 论 /(1)

第一节 生态文明发展与研究现状 /(2)

第二节 区域旅游合作内涵、模式及空间范围 /(4)

第三节 贫困与巩固脱贫攻坚成果 /(7)

第四节 大别山区域旅游合作与脱贫攻坚成果拓展 /(12)

第二章 英山县石头咀镇研究背景、指导原则及研究思路 /(15)

第一节 发展背景及研究意义 /(16)

第二节 指导思想及指导原则 /(20)

第三节 研究对象及研究思路 /(22)

第三章 英山县石头咀镇旅游发展现状及存在问题 /(27)

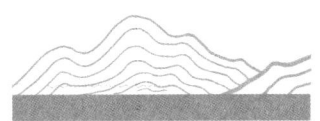

第一节 石头咀镇发展现状 /(28)

第二节 石头咀镇旅游业现状 /(29)

第三节 石头咀镇旅游业发展问题 /(36)

第四节 问题成因解析 /(39)

第四章 英山县石头咀镇旅游发展定位与目标 /(43)

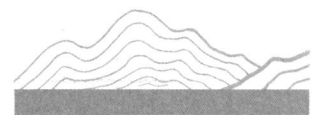

第一节 总体定位 /(44)

第二节 发展目标 /(44)

第三节 形象定位 /(46)

第四节 旅游客源市场的确定 /(47)

第五章 英山县石头咀镇旅游资源调查与评价 /(53)

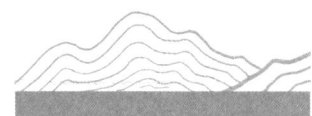

第一节 旅游资源基本概况 /(54)

第二节 自然景观资源 /(54)

第三节 历史人文资源 /(60)

第四节 旅游资源评价 /(61)

第六章 旅游空间重构、整合及完善 /(65)

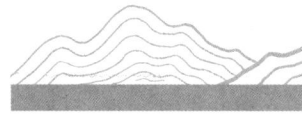

第一节 旅游景点空间重构 /(66)

第二节 旅游活动空间整合 /(69)

第三节 服务体系空间完善 /(75)

第七章　旅游产业组织与协调 /(83)

第一节　旅游产业 /(84)

第二节　旅游产业与第一产业协作发展 /(85)

第三节　旅游产业与第二产业协作发展 /(88)

第四节　旅游产业与第三产业协作发展 /(89)

第八章　区域旅游合作与共生 /(93)

第一节　区域旅游合作必要性 /(94)

第二节　区域旅游空间整合融入 /(95)

第九章　旅游发展措施建议 /(105)

第一节　体制保障 /(106)

第二节　机制保障 /(107)

第三节　政策支持 /(108)

主要参考文献 /(109)

第一章 绪论

第一节　生态文明发展与研究现状

　　生态文明这一理念最早可追溯至我国远古农耕文明时期，其含义有狭义和广义之分。广义的理解从文明形态的演进历程角度出发，认为生态文明是一种继原始的渔猎文明、农业文明、工业文明之后的一种崭新的文明形态。工业文明重经济利益而忽视生态环境发展的模式已经不符合当今时代发展的趋势。生态文明是对工业文明的扬弃，是一种更为高级、先进的文明，具体包括政治清明、经济有序、社会福利完善、人际关系和谐等多方面的内容。广义的生态文明强调全方位的和谐观，不仅要求实现人与自然的和谐，还要求实现人与人之间的和谐。狭义的理解从文明体系的构成要素出发，认为生态文明与物质文明、政治文明和精神文明是并列的，侧重于经济方面，要求实现人与自然的和谐发展，具体包括森林保护、水资源的合理利用、大气保护等方面（张智光，2019）。这两种从不同角度对生态文明的阐释，并不是截然对立，而是相互补充的。

　　伴随着经济发展步伐的逐渐加快，各类资源的不断开发与利用，在为人民创造巨大的物质财富和精神财富的同时，也产生了一系列的环境问题，这引起了国内外学者的反思与批判。20世纪60年代，国外涌现出大量学者对生态环境问题展开了研究，其中较具影响力的是美国蕾切尔·卡逊（1997）的著作《寂静的春天》，书中展现了一系列严峻的环境问题，唤醒了人们保护环境的意识。随后一些研究环境问题的著作和研究报告相继出现，引发了学界对人口、资源和环境关系的探讨热潮，并推动了可持续发展理念的产生与发展。而中国学者从20世纪70年代开始，也针对工业化所带来的生态和环境问题进行研究与探讨。在1987年召开的全国生态农业问题讨论会议上，我国著名的生态学家叶谦吉首次提出要大力提倡生态文明建设（黄爱宝，2006），冯红雪、张欣（2021）主张应将生态文明纳入现代文明的范畴，与物质文明和精神文明并列。20世纪90年代中后期以后，学者们纷纷从不同的角度对生态文明进行了研究，发表了众多的论文并出版了多部专著，这也引起了政府对生态和环境问题的关注和重视。

　　当前全国各地在扎实推进生态保护和建设的同时，也在不断加强生态文明思想的贯彻与落实。2007年党的十七大报告正式提出，"建设生态文明，基本形成节约能源资源和保护生态环境的产业结构、增长方式、消费模式"，将生态文明建设上升为国家政治思想理念。2012年党的十八大报告指出，"面对资源约束趋紧、环境污染严重、生态系统退化的严峻形势,必须树立尊重自然、顺应自然、保护自然的生态文明理念,把生态文明建设放在突出地位"。同时提出全面落实经济建设、政治建设、文化建设、社会建设、生态文明建设五位一体的总体布局。2015年10月中国共产党第十八届中央委员会第五次全体会议通过了《中共中央关于制定国民经济和社会发展第十三个五年规划的建议》(以下简称《"十三五"规划》),提出坚持绿色发展,"必须坚持节约资源和保护环境的基本国策,坚持可持续发展,坚定走生产发展、生活富裕、生态良好的文明发展道路,加快建设资源节约型、环境友好型社会,形成人与自然和谐发展现代化建设新格局,推进美丽中国建设,为全球生态安全作出新贡献"。这是中国首次将生态文明建设纳入国家经济和社会发展五年规划中,绿色发展成为新态势,并成为"十三五"时期生态文明建设的主基调。2017年党的十九大更是明确提出,必须树立和践行"绿水青山就是金山银山"的理念,必须坚持节约资源和保护环境的基本国策,像对待生命一样对待生态环境。这些论述充分彰显了生态文明建设对当代中国发展的重大意义,也为未来我国的生态文明建设和绿色发展提出了目标、指明了方向、规划了路线。

在人类面临资源短缺、土地沙漠化、环境污染等严重生态危机的大背景下,可持续发展这一理念应运而生。1987年世界环境与发展委员会在《我们共同的未来》报告中将可持续发展正式定义为既能满足当代人的需要,又不对后代人满足其需要的能力构成危害的发展,这一概念得到了国际社会的广泛认可。随后我国相关部门编制了《中国21世纪议程——中国21世纪人口、资源、环境与发展白皮书》,首次将可持续发展战略纳入我国经济社会发展的长远规划中。这一理念也得到了相关学者的认同,有学者认为可持续发展的实现应建立于生态文明、物质文明和精神文明协调发展的基础之上,生态文明是我国可持续发展的重要支柱,生态文明的建设为可持续发展提供了良好的资源环境条件。也有学者提出中国特色社会主义市场经济和可持续发展的基本实践就是生态文明、政治文明、精神文明和物质文明全面协调发展的过程,其中生态文明建设是基础(李钰,2019)。

2015年中共中央、国务院印发的《关于加快推进生态文明建设的意见》中指出,生态文明建设关乎人民福祉与民族未来。在国家系列政策的支持与引领下,我国的生态文明建设已取得了显著成效,其深刻的价值理念为我国脱贫攻坚提供了有效助力,形成了人与自然和谐发展的现代化新格局。与此同时,加快生态文明建设可将后发优势转为生态优势,加快实现地区的跨越式发展,实现脱贫致富。大别山区作为我国中部地区的生态屏障,其生态系统多样,物种类别丰富,加强该区域生态文明建设,对于合理开发和保护生态资源、形成大别山特色生态文明建设模式具有重要现实意义。

第二节 区域旅游合作内涵、模式及空间范围

一、区域旅游合作内涵

区域旅游合作是指区域范围内不同地区之间的旅游经济主体,依据一定的章程、协议或合同,将资源在地区之间重新配置、组合,以获得最大的经济效益、社会效益和生态效益的旅游经济活动(战丽娜,2018)。跨区域旅游合作是目前实现地区旅游业可持续发展的一个重要途径,成为国内外关注的热点。国外关于区域旅游合作的研究开展较早,已出现较多优秀的研究成果可用于指导区域旅游合作的实践。如 De Araujo 等(2002)将区域旅游合作理解为特定区域各利益相关者为了更好地发展区域旅游业,共同探讨并作出发展决定的过程。March 等(2009)认为旅游合作关系具有动态性和持续性,同时也具有一定的稳定性,它涉及多个参与主体,是一个多方参与的社会建构和协商过程。Cracolici 等(2008)认为新的旅游时代已经到来,需要对游客的想法和需求采取量身定制的方法,而加强区域旅游合作是提升地区旅游竞争实力的重要举措。西方的区域旅游合作实践已取得了良好的成效。

改革开放以来,我国区域旅游合作研究的成果颇为丰富,为国内区域旅游合作的实践提供了理论基础。国内研究主要涉及区域旅游合作的概念和内容、相关基础理论以及合作的机制、模式、主体和空间范围尺度等。林晓桃等(2016)从区域经济学角度分析区域旅游合作,认为区域合作是不同行为主体在利益的驱使下,为了实现利益最大化,对空间的一种共同追求。罗芳等(2013)将博弈理论与区域旅游活动的开展过程相结合,认为当前在我国旅游经济的发展过程中,单纯的合作战略或竞争战略已经不能适应日益复杂的区域旅游活动,从而提出区域旅游活动竞合博弈策略。陈非等(2012)针对区域旅游合作演化动力机制进行了分析,李美霖(2015)在此基础上,对区域旅游合作机制进行新的探讨,将区域旅游合作的动力机制理解为区域基础条件和旅游市场对旅游企业或政府产生作用并促使他们采取合作行为。在这些理论的指导下,长江三角洲、珠江三角洲、闽西南、大香格里拉、晋陕豫黄河三角洲等地区在各个地方政府的主导或推动下,都开展了不同程度的区域旅游合作,取得了一些成果,促进了区域旅游业的发展,也带动了地区经济和社会的共同繁荣。

二、区域旅游合作模式

区域旅游合作中的合作主体可以是企事业单位和自然人,也可以是地区政府乃至主权国家及国际性组织(李茜燕,2016)。在中国,区域旅游合作主体包括政府和企业,合作主体多在同类性质的社会组织之间展开(吴洪梅,2010)。在中国区域旅游经济合作中,地方政府是不可或缺的主体(杨艳蓉,2013)。从当代区域旅游合作的发展来看,政府是区域旅游合作的第一主体,地方政府对国内旅游资源的开发和旅游业的发展有决定性的作用,自发形成的区域旅游合作在得到政府的支持后,发展的规模、速度和合作的层次往往会得到大幅度提升。在当前区域旅游合作中,旅游企业是旅游经济发展的第二主体,是区域旅游合作的核心主体,是区域经济利益的具体实现者(张尹莉等,2015)。当前我国正处于经济体制的转型期,市场化的程度也在逐步提高,旅游企业作为旅游业市场最活跃的要素,发挥的作用也将越来越重要(王娟等,2019)。

区域旅游合作模式是指区域旅游系统各要素和旅游活动在合作区域空间内的相互关系和组合形式,它是区域旅游空间相互作用而产生的共生效应、互补效应、整体效应的产物(庞静,2016)。从不同角度看,区域旅游合作具有不同的模式体系。从区域旅游合作空间结构上看,区域旅游合作通常存在五种结构模式:点-轴发展模式、单核辐射模式、双核联动模式、核心边缘模式和网络型模式(杨荣斌等,2005)。点-轴发展模式以整合旅游资源(点)为基础,沿交通线(轴)延伸,如西北五省联合开发古丝绸之路,利用陇海—兰新铁路串联沿线旅游景点。单核辐射模式中资源、市场分布不均衡,旅游资源单体突出,如闽西南旅游圈以厦门为中心,周围涉及三明、龙岩、漳州和金门等城市。双核联动模式下资源和城市在区域中的地位和等级相当,如苏北旅游区的徐州—连云港旅游合作既有市场共轭又有资源互补(张辉等,2010)。核心边缘模式由单核辐射模式和双核联动模式发展而来,如珠江三角洲区域旅游合作的发展与演变,它以深圳市、广州市、珠海市、香港特别行政区和澳门特别行政区为核心,区域旅游合作已进入协同发展的制度创新阶段,粤港澳形成三向互动的旅游产业。网络型模式出现在经济发达区域,它是区域经济合作的理想模式(陈睿等,2004),从一开始旅游业就受到区域经济活力的强有力支撑,如2003年在杭州举办的"长江三角洲旅游城市15+1高峰论坛",形成了以上海为旅游中心城市,杭州、南京、苏州为次中心城市,其他城市为重要节点的梯级网状区域旅游网络。

从旅游合作组织结构来看,存在四种一般模式:内容单一化合作模式、行业综合型合作模式、多元化全方位合作模式和关联性区域合作模式。内容单一化合作模式以旅游业某个环节为内容,在特定目的驱动下开展区域合作,如图们江地区的旅游业合作,周边五国以开放本国边境地区国民的跨国境往来为契机,在入境旅游检查、跨国观光等方面开展了尝试性合作。行业综合型合作模式以旅游行业为核心指向,以企业为主体,推动全行业市场合作,如澜沧江—湄公河次区域旅游合作以及我国许多跨省区旅游合作。多元化全方位合作模式主要出现在旅游业发达的地区,它是众多产业参与、主体多元化、综合机制协调下的全方位旅游业区域合作,在欧美发达国家和地区最为典型,亚洲的东南亚地区,我国的长三角地区、环渤海地区、成渝地区等旅游业发达地区目前都是这种模式。关联性区域合作模式不是以旅游业发展为目的,但在客观上促进了区域旅游业的发展,如区域间基础设施的合作建设、社会治安与环境联合治理等。

三、区域旅游合作空间范围

区域旅游合作空间范围的划分直接关系区域合作的成效,区域合作范围并不与合作成效呈明显的正相关。根据旅游合作的地区在空间上的连续性,区域旅游合作空间类型可分为板块型和非板块型(吴军,2007)。板块型合作类型具有地区位置临近和资源类型相似的优势,组合发展,扩大旅游资源的规模和市场的吸引力,通过规模效应来促进地区旅游业的发展。例如,青海省和西藏自治区之间的合作基础就是共同拥有以青藏高原为特色的旅游资源。非板块型合作模式一般双方在空间上不连续,双方的资源类型不同,各自有不同的客源市场,通过区域合作实现资源互补,同时扩大双方的客源市场。例如,内蒙古自治区与澳门特别行政区的合作,两地旅游产品各有特色,可以吸引彼此的本地客源,澳门特别行政区在人力资源培训、资本运作上的优势能弥补内蒙古自治区旅游发展中存在的不足。

区域旅游合作空间尺度一般划分为三个级别:跨国家的旅游联合开发、跨省区的旅游联合开发以及跨市县的旅游联合开发。跨国家的旅游联合开发增大了旅游资源的稀缺性,增进了各国人民的相互理解,加大了政府之间的合作和国际交流(宋魁,2011)。跨省区的旅游联合开发可以实现地区资金、技术、信息的流通,加强企业管理和发展经验的交流,同时实现旅游资源和旅游产品优势互补,促进区域各省区旅游业的共同繁荣(林晓桃等,2016)。跨市县的旅游联合开发,可以有效避免由位置的临近性导致的恶性竞争,实现资源的优势互补和区域旅游联动发展,壮大规模效应(葛全胜等,2015)。

四、大别山区旅游合作

大别山位于湖北省、安徽省和河南省三省的交界处,拥有丰富的红色旅游资源和绿色旅游资源。目前三省都组织编制了区域旅游规划,但没有从大别山整体出发进行旅游产业总体发展规划（刘汉成等，2012）。区域间缺少有效合作，丰富的地质资源、山水资源、自然景观和人文景观被孤立开发，没有形成合力，已开发的资源显得散、乱、小、差，严重制约了旅游资源的合理利用与开发。例如，安徽省将大别山旅游资源的开发纳入安徽省泛巢湖国家旅游区开发范围，河南省将大别山的开发列入河南省"三山一河"旅游整体规划中，而湖北省的大别山开发主要依托武汉城市圈的发展规划。

近年来，在全国区域旅游合作的大背景下，大别山地区提出了区域旅游合作的发展战略，但还处于启动阶段（杨效忠等，2011）。2010年三省六市签署了《大别山区域六市政府红色旅游合作协议》和《鄂豫皖三省六市36县大别山红色旅游区域联合宣言》，标志着三省六市开始尝试推进联动发展的长效合作机制，但实质性的工作还未得到实施。大别山旅游合作格局难以形成的原因是多方面的：合作停留在政府层面，旅游企业的参与度不够；地区各自为政，缺乏统一的发展规划；地方保护主义和利益本位主义思想严重；区域交通瓶颈的制约和旅游服务配套设施不完善等都是导致大别山地区区域旅游合作发展迟缓的重要原因，并且往往相互交织。

因此，跨区域旅游合作开发已成为实现旅游经济可持续发展的重要举措，它对于实现旅游资源的有效整合，扩大旅游市场效应，提高区域旅游竞争力发挥着重大作用。

第三节 贫困与巩固脱贫攻坚成果

一、贫困与脱贫攻坚

对贫困的认识与研究，国内外学者经过了一个由单一到多向的过程。国家统计局《中国城镇居民贫困问题研究》课题组（1990）对贫困的界定：贫困一般是指物质生活困难，即一个人或一个家庭的生活水平达不到一种社会可接受的最低标准。他们缺乏某些必要的生活资料和服务，生活处于困难境地。阿马蒂亚·森（2001）将贫困划分为收入贫困、人类贫困和知识贫困。国内外专家学者对贫困的定义包括经济贫困、权利贫困、能力贫困等多个方面，对贫困内涵的认识一直在拓展之中，从侧重贫困的物质方面拓展到贫困的社会、文化、制度甚至心理层面的意义。

关于贫困类型的划分，鲁德斯（1989）根据贫困程度将其划分为绝对贫困和相对贫困，绝对贫困的标准依据是能否达到维持生存所必需的、基本的物质条件，相对贫困则是相对中等社会生活而言的贫困。从地域类型看,贫困问题包括城市贫困和农村贫困。城市贫困问题自治性特征显著,由城市贫困者自身及其家庭因素导致(张强等,2021;吴伟东,2012;于涛,2019)。相比城市贫困而言,农村贫困的贫困面更广、程度更深,其贫困问题往往关系农村经济发展水平与人口生活质量水平。

根据贫困的性质和产生原因,Nurkse(1953)提出"贫困恶性循环"理论,针对经济落后的发展中国家,从需求和供给两方面解释了陷入贫困循环的原因。吴伟东(2012)认为在城市转型发展中,劳动力转移就业导致贫困问题恶化。罗庆等(2014)从资源禀赋角度分析农村贫困形成的原因,认为有两种类型:一是土地等自然资源不足、资源结构不合理导致的贫困;二是资金缺乏,交通、通信、能源等基础设施严重落后导致对自然资源的开发利用不足,进而引发的贫困。贫困问题产生原因的讨论是国内外贫困研究的重要议题之一,国内外学者认为贫困问题的成因错综复杂,既包括自然的、历史的原因,又包括社会的、经济的、人文的、制度的等多种其他因素。

2015年11月29日,《中共中央国务院关于打赢脱贫攻坚战的决定》(以下简称《决定》)发布,《决定》提出到2020年要稳定实现农村贫困人口不愁吃、不愁穿,义务教育、基本医疗和住房安全有保障。在现行标准下实现农村贫困人口脱贫,贫困县全部"摘帽",解决区域性整体贫困。脱贫攻坚牵涉到千家万户的利益,关乎国家的长治久安,应动用可利用的一切力量和资源,为贫困人口增加收入,把贫困群众和全国各族人民一起迈向小康社会、一起过上好日子作为脱贫攻坚的出发点和落脚点。

二、贫困地区发展与脱贫攻坚成果巩固

我国贫困地区具有"大分散、小聚集"的分布特征。从全国看贫困地区格局,东部、中部、西南地区的贫困区域多散布在边远山区,西北地区的贫困区域多分布在高原区、荒漠地带(聂荣等,2020;袁媛等,2016)。贫困地区格局在县域尺度上表现出空间集聚的特征(赵莹等,2014)。

贫困地区社会经济长期落后,往往具有如下一些特征。首先,自然环境恶劣。自然环境是一个地区社会经济发展的依托和前提条件,我国贫困地区一般处于自然条件比较恶劣的地区,这严重制约了贫困地区的经济发展。曹诗颂等(2015)对秦巴特困连片区的研究发现,生态资产越低,其经济贫困程度越高;张家其等(2014)认为贫困地区生态系统脆弱,如扶贫不当极易导致生态环境恶化。其次,贫困地区土地资源相对紧张,我国贫困地区普遍存在人地矛盾突出、农业生产效益低、污染严重等现象。再次,教育和科学技术滞后,人员整体素质较低。由于教育资源的非均质,贫困地区教育水平和科技水平长期

落后于发达地区,不仅严重阻碍了贫困地区的经济发展,而且极大地削弱了贫困地区自我发展的内生力。贫困地区高层次人才尤为缺乏,但由于其经济发展滞后,人才资源开发往往陷入"留不住""招不来"的怪圈。农业生产中产业技术的薄弱和缺乏是贫困地区落后的表现,也是其落后的重要原因,乡村农业产业技术薄弱以及农产品市场销售不畅严重阻碍了农村经济的发展(杨龙等,2019)。最后,基础设施落后,贫困地区的交通、网络、通信、公益服务设施等处于滞后状态,不仅阻碍外界资源的流入,也阻碍着贫困地区外向型经济的发展。由于基础设施滞后,贫困地区的农业生产受限,农产品供应链系统处于自发状态,集约化程度低,难以实现整合效益(许翔宇,2012)。此外,由于生存方式的落后、环境的闭塞,贫困地区居民长期形成的生活准则、生活习惯、谋生手段以及对生活的理解和追求,在某种程度上也严重制约着贫困地区经济的发展(田苗等,2012)。

对于贫困地区的发展,我国学者从社会、经济、文化、教育、制度政策等各层面给予了相应的对策和建议。社会、经济方面,赵曼等(2016)认为可通过劳动力移民提高贫困地区收入水平;向海等(2011)提出通过发展乡镇企业来带动农业产业的发展。文化方面,文化扶贫成为近几年扶贫实践工作中重要的创新点。王建民(2012)认为少数民族文化在扶贫中发挥着重要作用,鲁建彪(2011)则认为文化扶贫可以从根本上解决落后地区的贫困。教育方面,金久仁(2020)认为教育扶贫是这场"战役"的重要战场和打赢"战役"的重要手段,周丽莎(2011)通过实证研究得出少数民族地区通过教育缓解了能力贫困的结论。制度政策方面,欧阳志云等(2013)提出建立生态补偿机制,郭占峰(2014)建议创新自我发展机制。此外,还有学者认为提高贫困人群的营养及健康状况更助于帮助他们摆脱贫困(汪三贵等,2019)。

经过全党全国各族人民的共同努力,在中国共产党成立一百周年的重要时刻,我国脱贫攻坚战取得了全面胜利,现行标准下9899万农村人口全部脱贫,832个贫困县全部摘帽,12.8万个贫困村全部出列,区域性整体贫困得到解决,完成了消灭绝对贫困的艰巨任务,创造了又一个彪炳史册的人间奇迹,这是中国人民的伟大光荣,是中国共产党的伟大光荣,是中华民族的伟大光荣。脱贫摘帽不是终点,而是新生活、新奋斗的起点。需严防返贫,立足当前放眼长远,进一步巩固脱贫攻坚成果。

三、旅游推动脱贫攻坚与区域发展

自20世纪80年代以来,旅游业作为推动经济发展的重要产业之一,在扶贫方面也取得了积极成果,并受到国内外学者的密切关注(曾本祥,2006)。旅游扶贫指通过开发贫困地区丰富的旅游资源,兴办旅游经济实体,使旅游业形成区域支柱产业,实现贫困地区居民和地方财政双脱贫致富(曾迎霄,2022)。当前我国许多地方已经摘掉"贫困帽",但是离稳定脱贫、长久脱贫还有一定差距,通过旅游助力发展,是实现贫困地区稳定脱贫、巩固脱贫攻坚成果的重要路径。

发展旅游业的基础是区域丰富的非物质文化和自然景观资源,贫困地区往往具有这样的优势(吴必虎,2015)。在旅游资源丰富的贫困地区开展旅游开发扶贫,重在通过发展旅游业,实现发达地区的部分财富、经验、技术和产业向贫困地区转移,培养贫困地区的"造血功能",从而脱贫致富(蔡雄等,1999)。郭清霞(2003)结合国内的成功范例和英国旅游扶贫战略,总结了旅游扶贫战略的基本特征:以政府为主导、市场为导向;以特色资源为发展依托,以特色旅游产品为发展支柱;以当地居民受益为目的、脱贫致富为目标;以环境保护、实现地区经济的可持续发展为原则。在生态文明建设和经济转型发展的大背景下,以旅游业带动资源丰富的贫困地区发展已被视为重要的反贫困模式,是贫困地区脱贫的有效途径(吴新颖,2005;王俊文,2012)。

当前急需进一步巩固脱贫攻坚成果的地区主要分布在乡村,广大贫困地区大多是交通或区位闭塞地区,往往具有良好的自然资源和生态环境优势,赋存着优质的各类旅游资源,为开展乡村旅游及以此为载体的旅游扶贫提供了重要的资源基础。因此,乡村旅游是旅游扶贫研究的重要内容之一,其中乡村文化被认为是乡村旅游资源的核心之一(蔡新良等,2019)。Oakes(1998)从人文生态视角指出,实现游客对原始民风民俗的渴望与当地村民对现代生活的期盼这两个矛盾的有机结合,是乡村发展旅游与社区脱贫的关键。杨美霞(2019)认为旅游城市所具有的巨大的客源输出潜力是乡村旅游开发的重要基础,面向旅游城市的乡村旅游开发的关键是乡土化。王新越等(2019)、白露(2021)就乡村旅游的策略提出,乡村景观的独特地域空间文化价值以及由此产生的乡村人的社会价值构成乡村旅游的动因,因此乡村旅游产品的创新点在于对当地民俗文化的深层次挖掘,并以此为依据形成适当的旅游表现方式和旅游活动方式——主题旅游。大别山地处三省交界处,自然环境的闭塞使当地较好地保留了原生态的民风民俗,因此该地区应将乡村旅游开发作为重要方向之一,突出大别山乡村旅游的优势和特色,持续助力脱贫攻坚。

旅游业具有强大的综合功能,在贫困地区充分利用和有效保护旅游资源,并发挥旅游业的关联效应和乘数效应(蔡雄,1997)可带动相关产业的发展,提供大量就业机会,优化乡村劳动力就业结构,增加居民收入,改善群众生活,加速脱贫致富。旅游业发展的扶贫效果不仅体现在物质层面及劳动力整体素质的提高,也体现在对人文生态环境的巨大促进作用,更体现在为贫困地区日后的持续发展奠定思想和人才基础(周兵等,2018)。

此外，旅游业的发展还能够带动贫困地区基础设施条件的改善，促进贫困地区横向经济联合和对外开放（孟秋莉，2018）。但并非所有的贫困地区都适合发展旅游业，贫困地区在发展旅游业时不能盲目跟风，旅游扶贫不能简单地等同于旅游开发、旅游扶贫开发的城市化发展模式，更不能只关注眼前的效益（王庆生等，2019）。应从实践入手，总结经验和教训，因地制宜，实事求是，巩固已有的成果，在此基础上不断发展和创新。

四、大别山区旅游扶贫与发展成果巩固

大别山区包括安徽、湖北、河南三省境内的 36 个县（市），总面积约 6.7 万 km²，人口 2800 多万，是"贫中之贫，困中之困"连片特困地区。2011 年大别山区贫困人口为 647 万，贫困发生率为 20.7%，比全国平均水平高出 8%，这个中国贫困人口规模和密度最大的片区，经济水平低且扶贫开发任务艰巨（贾若祥等，2011）。当前我国推行较广、效果较好的扶贫模式主要包括财政扶贫、以工代赈扶贫、产业开发扶贫、温饱工程扶贫、对口帮扶、旅游扶贫、生态建设扶贫、移民搬迁扶贫、小额信贷扶贫、人力资源开发扶贫、科技扶贫等模式（刘宇翔，2015）。大别山地区在扶贫开发过程中进行了多种尝试，目前处于多种模式综合运用、多方力量并举推动的发展状态。

科技扶贫方面，大别山革命老区一直是科技部和湖北省科技扶贫的重点区域，比如在罗田开展的科技扶贫，不仅解决了该县的板栗种植难题，而且带动了食品加工业发展，还通过科技创新带动了工业园发展，促进了财政增收，扩大了就业（刘志伟，2011）。产业开发扶贫方面，各县利用扶贫契机纷纷发展了林产品加工、特色农副产品加工、纺织服装、医药、新型节能环保建材、矿产资源开采与加工、装备制造业以及旅游文化产业等相关产业（孙贤斌等，2014）。

旅游扶贫方面，近几年大别山旅游扶贫开发实现了区域经济整体增长。以大别山革命老区经济社会发展试验区黄冈为例，2011 年人均地区生产总值为 13 423 元，达到全省平均水平的 48.1%；2019 年人均地区生产总值达到了 36 685 元，增长效果显著。

此外，旅游业在促进当地经济发展的同时也将一些隐形成本转移给了当地居民，如旅游发展带来的物价上涨、环境破坏等问题。为实现旅游扶贫的核心目标——贫困人口和贫困地区受益，在大别山区进行旅游扶贫要注重当地社区的参与和受益。可以采用农家乐、旅游名村、生态休闲农业、文化创意产业园建设等多种模式帮助当地社区和村民参与旅游扶贫开发活动（叶俊，2015），通过实现基层和个体致富增收来巩固扶贫工作的成效。

虽然大别山区的扶贫开发已取得了显著成就，绝对贫困现象全面消除，突出的民生

问题也得到了解决,但该地区仍然面临许多问题和障碍,如交通水利等基础设施不完善等、社会事业发展滞后、基本公共服务水平低、生态环境压力大、经济基础薄弱、综合竞争力不强等(陈香等,2015)。进一步消除集中连片特困地区的贫困问题,必须把区域发展与扶贫有效结合。在多种扶贫模式中,旅游扶贫能够充分利用大别山的优势资源,并且具有资源节约、可持续发展、关联带动功能强、不受经济基础制约等优点,十分适合大别山贫困地区的社会经济发展。

与此同时,大别山旅游扶贫开发面临良好的发展机遇,如中共中央高度关注;省委、省政府大力支持;随着中国经济发展进入新常态,国家加快转变经济发展方式等。因此,当地政府应好好把握历史契机,充分利用丰富的旅游资源,推动区域合作共赢,巩固发展成果,实现跨越式发展,从而真正实现脱贫致富,提高人民生活水平。

第四节　大别山区域旅游合作与脱贫攻坚成果拓展

《"十三五"规划建议》提出了"五大发展"理念:创新、协调、绿色、开放、共享,是实现我国"十三五"既定发展目标,破解发展难题,厚植发展优势的理论指南。《"十三五"规划建议》还指出,有度有序利用自然,调整优化空间结构,划定农业空间和生态空间保护红线,构建科学合理的城市化格局、农业发展格局、生态安全格局、自然岸线格局。设立统一规范的国家生态文明试验区。在实现共享发展方面,要坚持共享发展,着力增进人民福祉,实施脱贫攻坚工程,解决区域性整体贫困,对生态特别重要和脆弱的实行生态保护扶贫。国家战略和宏观政策的取向给大别山带来了前所未有的发展机遇。

英山县是国家相关扶贫政策重点关照与帮扶的地区,大别山区域是我国重要的水源涵养生态功能区,但经济发展和生态建设的矛盾仍较为突出。英山县旅游资源丰富,为发展旅游业提供了良好的基础。而旅游业有强大的综合功能,可为内需大循环带来强大支撑,促进地方文化和资源的开发与保护,对于促进市场需求有刺激作用等。因此,可发挥旅游业造血式扶贫的独特优势,科学合理地开发贫困地区的旅游资源,为贫困地区谋求发展。

石头咀镇拥有山水景观、宗教文化、红色文化等丰富的高质量的旅游资源,同时还具有较好的区域背景。但石头咀镇也面临一些发展问题和挑战,如景区建设和旅游开发缺乏有效规划,空间格局混乱,旅游效益与资源赋存不匹配;大别山旅游资源的开发远远落后于周边各地;区域内旅游市场竞争激烈等。

目前该区域扶贫攻坚虽已取得决定性成果,但仍要采取稳定脱贫措施,建立长效扶贫机制,保障脱贫质量,巩固脱贫成果,防止返贫。因此,本书在生态文明思想和绿色、共享发展理念指导下,从跨区域合作视角出发,以石头咀镇为案例,研究石头咀镇及其周边旅游资源和旅游空间的整合,探讨跨区域旅游合作路径和发展策略,以期为石头咀镇确定整体旅游形象、促进其社会经济发展、巩固脱贫成果、提升区域竞争力提供更为精准的建议方案,同时为大别山区跨区域旅游协作发展和旅游扶贫开发实践提供有益借鉴。

第二章 英山县石头咀镇研究背景、指导原则及研究思路

第一节 发展背景及研究意义

一、发展背景

1. 生态问题在城镇发展中亟待解决

随着工业革命的进一步发展,城镇地区进入了快速发展时期。人口和城镇规模急剧扩张,加速了自然资源的消耗,同时也带来了环境污染问题。由于自然资源的不可再生性、稀缺性以及唯一性,城镇发展势必要与自然资源相互协调,在科学发展观的指导下走可持续发展的道路,既要考虑本民族和当代人的生存发展,更要给全人类和子孙后代的延续进步留下足够的空间。

国家统计局公布的数据显示,截至2019年,我国的城镇化率已突破60%,处于城镇化加速发展阶段,国内生产总值比2018年增长6.1%,为全球第二大经济体,这是我国的黄金发展时期,是机会同时也是挑战。城镇建设要处理好和自然资源的关系,如果处理不当,就会影响区域发展甚至造成严重的自然灾害,威胁区域人民的生命财产安全。党的十九大报告中全面阐述了加快生态文明体制改革、建设美丽中国的战略部署,明确指出我们要建设的现代化是人与自然和谐共生的现代化,既要创造更多物质财富和精神财富以满足人民日益增长的美好生活需要,也要提供更多优质生态产品以满足人民日益增长的优美生态环境需要。这充分显示了生态文明建设对我国发展的重大意义。《英山县2019年国民经济与社会发展统计公报》显示,2019年全县实现地区生产总值121.62亿元,可比价格增长6.4%,经济快速增长。但在发展的同时,也带来了一系列的生态和环境问题,如自然资源的消耗持续上升,环境污染和生态破坏时有发生,城镇发展和自然资源相互冲突,所以必须实施低碳和可持续发展战略,实现人与自然和谐共生,注重生态建设,切实解决英山县石头咀镇发展和资源环境的矛盾。

2. 生态文明建设和美丽乡村建设的大好机遇

生态文明是人类为保护和建设美好生态环境而取得的物质成果、精神成果和制度成果的总和,是贯穿于经济建设、政治建设、文化建设、社会建设全过程和各方面的系统工程,反映了一个社会的文明进步状态。2012年11月,党的十八大报告中提出,大力推进生态文明建设。坚持节约资源和保护环境的基本国策,坚持节约优先、保护优先、自然恢复为主的方针,着力推进绿色发展、循环发展、低碳发展,形成节约资源和保护环境的空间格局、产业结构、生产方式、生活方式。同时建设生态文明是顺应人民群众新期待的迫切需要。随着人们生活质量的不断提升,人们不仅期待安居、乐业、增收,更期待天蓝、地绿、水净;不仅期待殷实富庶的幸福生活,更期待山清水秀的美好家园。而社会主义新农村建设的重大历史任务早在第十六届五中全会就被提出,并要求新农村"生产发展、生活宽裕、乡风文明、村容整洁、管理民主"。为加快社会主义新农村建设,努力实现生产发展、生活富裕、生态良好的目标,2013年中央一号文件提出了要建设美丽乡村的奋斗目标,此后在国家政策的引导和号召下,各地纷纷制订美丽乡村建设方案并付诸行动,当下已取得了一定的成效。

当下正处于生态文明建设、美丽乡村建设和大力发展旅游业的大好时机。而石头咀镇的生态资源基础良好,几乎处于未经开发的状态,长期的自然生态系统保育努力在此刻变得尤为宝贵,正好顺应了生态文明建设的战略举措。

3.乡村旅游作为一种可持续发展模式不断得到重视

改革开放以来,城镇化的快速发展促使大量农村人口涌入城市,农村人口不断减少,技术的进步和农业生产方式的改进导致农产品过剩现象时有发生,加上我国长期存在的城乡二元社会经济结构,乡村发展受到了严重制约。近些年来,乡村旅游事业的大发展给改善农村经济结构和实现农村可持续发展带来了新的机遇。

乡村旅游作为一种新兴的旅游形式已取得了不少成就。据不完全统计,近年来发展的乡村旅游已经使许多农村脱贫。乡村旅游对农村可持续发展的贡献得到了国家越来越多的重视。2006年全国旅游宣传的主题为"2006中国乡村游"。2007年,原国家旅游局和原农业部发布的《关于大力推进全国乡村旅游发展的通知》(旅发〔2007〕14号)中明确提出要充分利用"三农"资源发展旅游业,全面拓展农业功能和领域,积极促进农民致富增收。2009年,原国家旅游局颁布的《全国乡村旅游发展纲要(2009—2015年)》指出,大力发展乡村旅游是社会主义新农村建设的重要组成部分,开展乡村观光、休闲、度假和体验性活动,对进一步保护生态环境和弘扬民族文化,丰富和优化我国旅游产品结构、产业结构、区域结构和市场结构都将发挥积极作用,为全国乡村旅游发展提供了理论依据。同时,自2008年湖北省启动旅游名镇创建工作以来,各市州和县(市、区)两级都扩大自主创建范围,掀起了全省旅游业发展的热潮,有力地推进了新农村建设,加快了城乡一体化步伐。

大力发展乡村旅游是社会主义新农村建设的重要组成部分,是加快城乡经济统筹发展、实现产业联动和以城带乡的重要途径,对加快推进新农村建设、统筹城乡发展、增加农民就业机会、拓宽农民增收渠道、促进农村精神文明建设和满足游客旅游文化消费需求都具有十分重要的意义。全国各地都在政策的引导下大力发展乡村旅游,为当地经济注入了强大的活力。

显然,国家对乡村建设越来越重视,同时在发展道路上提出了乡村旅游的新路径,乡村旅游作为带动农村发展的重要途径必将得到国家的重点关注和大力支持。英山县石头咀镇一方面积极响应国家政策号召,一方面从旅游入手,带动乡村经济发展,提高人民的生活水平。

4.英山县石头咀镇旅游开发的迫切性

英山县隶属于黄冈市,位于湖北省东北部,大别山主峰天堂寨南麓,是鄂豫皖三省边境的腹地中心,曾为国家扶贫工作重点县。

石头咀镇位于英山县北部,地处鄂皖边界,大别山区的腹地深处,是湖北省百名重点中心镇之一。该镇是国家相关扶贫政策重点照顾的区域,经济相对落后,基础设施相对缺乏,人民生活水平亟待提高。当前整个镇域虽然已脱贫,但该地区巩固脱贫攻坚成果的任务还很艰巨。

石头咀镇拥有丰富的旅游资源,包括景色优美的国家地质公园、国家森林公园、风景名胜区以及自然保护区,多处森林资源丰富的林场、水库和河流,宗教文化浓厚的寺庙及道观,极具观赏价值的桐花和杜鹃花,众多的红色旅游景区以及未开发的旅游资源。红色文化与绿色生态交相辉映,具有很好的开发潜力,但石头咀镇景区建设和旅游开发缺乏统一规划和有效管理,造成高品质旅游资源利用不足,公共服务基础设施配套不完善,整体环境水平还待进一步提升。2019年,英山县石头咀镇游客接待量及旅游收入均有所提升,但与周围的乡镇相比,其旅游人次和收入还具有一定差距。因此,大力发掘旅游资源、带动相关产业发展、促进当地经济进步成为石头咀镇社会经济发展的当务之急。

二、研究意义

旅游业在国民经济中具有重要的地位和作用,与此同时,随着经济发展和人民生活水平的提高,大众对旅游消费的需求也在不断变化与升级。而乡村旅游的发展更加需要科学统一的规划指导,以实现健康可持续发展。英山县石头咀镇的旅游业作为湖北省乡村旅游业的一部分,必须通过研究确定乡村旅游的发展目标,促进乡村旅游资源的整合,规避乡村旅游的发展风险,维持乡村旅游系统的稳定运行。以湖北省英山县石头咀镇为案例的贫困山区跨区域旅游协作发展研究的意义主要体现在以下方面。

1. 积极响应国家政策,配合社会主义新农村和美丽乡村建设

2018年中央一号文件指出,要积极开发观光农业、游憩休闲、健康养生、生态教育等服务,打造绿色生态环保的乡村生态旅游产业链。本研究旨在帮助石头咀镇明确旅游发展与社会主义新农村建设之间存在着的方向引导、产业互动和资源利用等方面的关系,促使石头咀镇在调整农村产业结构、促进经济快速增长、协调城乡和谐关系、解决农民就业问题、优化农村综合环境等方面发挥作用。同时,大力发展乡村旅游也契合国家建设美丽乡村政策,以旅游业带动经济发展,提高农民收入,优化乡村环境,营造和谐氛围,打造英山"中国美丽乡村"品牌,使之成为继"全国绿化模范县"后的又一张国家级名片。

2. 提升产业层次,确定石头咀镇旅游发展目标

发展旅游产业有利于促进农村产业化发展,带动农副产品和手工艺品加工、交通运输、房地产等相关产业发展,进一步优化农村产业结构。因此,要站在产业发展的战略层面上看待石头咀镇的旅游发展,找准石头咀镇其他产业同旅游业发展的结合点,明确石头咀镇旅游产业的发展方向。石头咀镇在发展过程中要充分考虑乡村旅游资源赋存状况、市场需求状况以及未来旅游产业发展趋势,明确未来10年乡村旅游发展的总体目标,以科学发展观为指导,以促进社会主义新农村建设为根本目标,以国家乡村旅游发展工作目标为依据,大力发展乡村旅游,使农民收入显著提高、农村环境焕然一新,促进社会主义新农村建设取得突破性进展。

3. 彰显石头咀镇资源魅力,塑造良好形象,树立乡村旅游典范

石头咀镇旅游发展必须注重旅游目的地形象的塑造和鲜明旅游资源特色的表达。石头咀镇作为英山县的旅游重镇,旅游资源丰富多样,优美的自然风光与民俗人文底蕴交相呼应,为当地的旅游发展提供了资源基础。石头咀镇应从农村基础环境的改造、乡村旅游功能的提升、乡村旅游氛围的营造和旅游基础设施的完善等方面为石头咀镇旅游营造鲜明的主题形象和提供系统化的措施,以提升石头咀镇的旅游竞争力,塑造石头咀镇的旅游形象,树立旅游名镇典范。

4.促进城乡统筹协调发展

发展乡村旅游是统筹城乡发展的重要举措。在旅游资源丰富的村镇中大力发展乡村旅游,有利于城乡统筹协调发展。城乡统筹协调发展是把农村和城市作为一个有机整体,使城乡发展能够互相衔接,互相促进。一方面,通过发展乡村旅游,带给农村大量的人流、物流、资金流和信息流,使城市富余资源能够有效转移到农村地区,增加农村的经济实力和农民收入,从而缩小城乡差距;另一方面,有利于促进道路、水、电、通信等城市基础设施和公共服务从城市向乡村延伸,提高农民自然生态环境保护意识,提高村镇居民物质文化生活质量,促进农村社会保障体系建设,逐步实现农村经济社会协调发展。

第二节 指导思想及指导原则

一、指导思想

以科学发展观作为基本指导思想,坚持以人为本、人与自然全面和谐的价值取向。明确控制合理的旅游开发容量和建设强度,合理开发利用旅游资源,将英山县石头咀镇建设成为自然环境优美、旅游项目丰富、旅游文化底蕴深厚、旅游接待服务设施完善、旅游服务质量优秀、具有显著地方特色的旅游名镇。全面规范乡镇建设活动,建立良性循环的经济、社会和自然复合生态系统,科学运作生态资本,提高资源环境配置效率和城镇综合竞争力,构筑人与自然和谐共生的可持续发展模式。

二、指导原则

1.实事求是,因地制宜

针对英山县石头咀镇的特殊地理位置,林地资源丰富、气候宜人的环境特征,探索符合英山县环境资源特征的开发新思路和新机制,同时借鉴吸收和总结提升相邻区域——金寨县和罗田县的发展经验,加快英山县石头咀镇旅游资源开发建设的步伐。立足于英山县的资源、区位和环境优势,确定主导产业和优势产品,促进产业结构优化。大力发展生态农业、绿色技术,将生态环境优势转变为经济技术生产力,确定合理的发展规模和发展机制。

2. 全面协调、可持续发展

在促进城镇建设和社会经济跨越式发展的基础上，结合英山县石头咀镇的发展现状，转变传统的发展模式，实现绿色发展、循环发展、低碳发展，最大限度地提高资源和能源利用率，使经济发展与环境保护相适应，实现经济、社会、生态环境的协调发展，推进石头咀镇的新型城镇化建设。

3. 突出重点、梯次推进

从实际出发，坚持发展战略的可操作性，以英山县石头咀镇当地的生态环境承载能力、社会经济发展现状为基础，选择重点领域和重点区域进行突破，优先发展核心旅游景区和重点旅游项目，分期推进，逐步实施，在石头咀镇形成不同类型、不同特点的旅游产品和公共旅游服务体系。

4. 生态优先、保护与建设并举

把生态环境保护与生态环境建设、城乡建设、国民经济社会发展、基础设施建设等有机地结合。在协调城乡发展过程中坚持生态优先，一切建设活动必须以不破坏生态环境为准则，同时加大生态环境保护力度，保护优先、预防为主、防治结合，在保护中建设，在建设中保护，使生态环境和城乡发展促进共生。

5. 政府主导、公众参与

英山县和石头咀镇政府通过推进和实施跨区域的旅游合作开发及生态保护的发展策略，促进可持续发展观和生态文明思想深入人心，同时注重提高公众参与意识，鼓励民间团体和社会公众参与推动旅游合作发展战略、石头咀镇生态文明建设监督检查和生态保护等各项工作。

6. 前瞻性与可操作性有机统一

英山县石头咀镇的旅游产业发展和设施建设活动既要立足当前实际，使发展策略实际可行，又要充分考虑发展的变化，科学预测英山县石头咀镇社会经济发展水平和城镇化发展水平，从而保证发展战略的适度前瞻性。

第三节 研究对象及研究思路

一、研究对象

本研究的对象为湖北省黄冈市英山县石头咀镇(图 2-1~图 2-4),其镇域最北端为隘口河村,最南端为老屋湾村,最东面为五峰山林场,最西面为卡里村,行政区域面积 261.77km²,截至 2019 年末。石头咀镇户籍人口为 35 560 人。

图 2-1 石头咀镇区位和规划范围示意图

第二章　英山县石头咀镇研究背景、指导原则及研究思路

图 2-2　石头咀镇（一）

图 2-3　石头咀镇（二）

图 2-4　石头咀镇（三）

二、研究思路

2009 年，国务院《关于加快旅游业发展的意见》（国发〔2009〕41 号）提出要把旅游业培育成国民经济的战略性支柱产业。历经十余年的发展，我国实现了从旅游短缺型国家到旅游大国的历史性跨越。《湖北省旅游业发展"十三五"规划纲要》指出，"十三五"时期是全国旅游业加快发展的黄金机遇期和转型升级的战略关键期，也是湖北省加快培育旅游支柱产业、推进旅游经济强省建设的攻坚时期。这表明，在中国经济发展格局中，旅游产业将会扮演越来越重要的角色。本研究在深入调查石头咀镇镇域内旅游资源赋存状况和分布特点的基础上，结合石头咀镇社会经济发展的基本条件，对石头咀镇的旅游产业发展进行合理配置，以旅游产业为载体，不断提高人民收入和生活水平，改善镇区和乡村环境，推进社会主义新农村和美丽乡村建设，促进石头咀镇社会经济发展进步。

通过前期的实地踏勘和相关政策解析，对目前英山县石头咀镇及其周边区域的旅游资源（包括人文、自然及综合等类别）赋存情况进行整理，并对这些旅游资源进行合理客观地评价；根据各类资源的特点和分布情况提出不同尺度的空间整合方案，继而据此进行分区，并分析确定不同分区未来的发展目标和服务功能。通过石头咀镇镇域内零散旅游资源的整合,在空间上重构旅游景点、旅游服务体系,在产业上协调旅游业与其他产业的关系,在未来发展中推动区域旅游合作,并以此促进石头咀镇的旅游产业和社会经济更好地融入区域发展大环境中,实现自身的脱贫致富和区域共同繁荣。

三、技术路线

本研究实施的技术路线如图 2-5 所示。

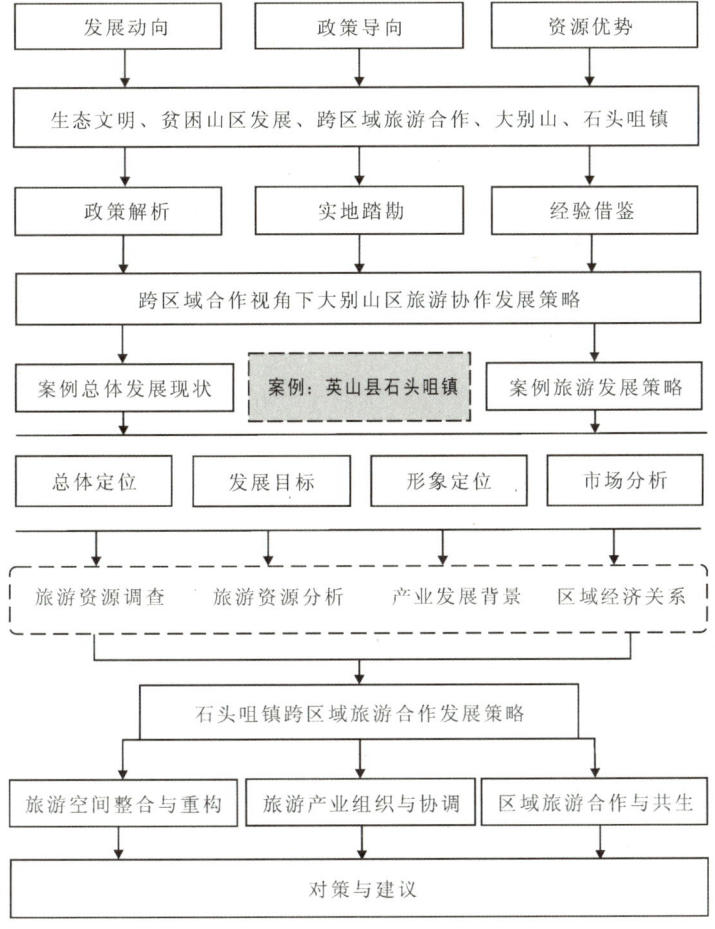

图 2-5　本研究实施的技术路线图

第三章 英山县石头咀镇旅游发展现状及存在问题

第一节　石头咀镇发展现状

一、区位与交通

湖北省英山县石头咀镇位于大别山主峰天堂寨南麓，地处鄂皖边界，与安徽省的霍山、金寨两县接壤，为鄂东北明星重镇，是著名的革命老区，湖北省百名重点中心镇之一，也是英山县副中心镇。

石头咀镇素有"车通鄂皖商埠、站转江淮码头"之称，商贸活跃，是大别山地区农副产品购销中心和商品中转站。S201省道纵穿石头咀镇南北，连接黄冈与相邻的大冶市，至安徽霍山县，大别山腹地公路横贯东西，但道路通行条件差，其他道路路面破旧。

二、自然条件及资源

石头咀镇属亚热带湿润季风性气候，温暖湿润，雨量充沛，日照充足，四季分明。年平均气温16.5℃，年平均降雨量1400mm，无霜期240d左右，年平均日照时数达2100h。镇域基岩主要由大别山古老变质岩和侵入岩组成，土壤母质是以花岗片麻岩为主的岩体，经过长期风化作用形成的黄棕壤、沙壤。

石头咀镇资源丰富。农业资源方面，茶叶、桑树、板栗、中药材是当地的优质品种，其种植已初具规模；工业资源方面，花岗岩、大理石等石材是当地的优势资源，相应的加工产业稳步发展；旅游资源方面，山岳、森林、溪流、河谷等自然资源以及红色文化、宗教文化等资源丰富，其中大别山主峰最高控制点即位于镇域范围之内，目前石头咀镇内分布有国家AAAAA级风景名胜区、国家地质公园、国家森林公园、国家自然保护区等一大批优质旅游景区以及五峰山、篓子石、张家咀水库等大批待开发旅游资源。

三、行政区划

截至2021年，石头咀镇辖1个社区，40个行政村（石头咀镇社区、程璋河村、陶家冲村、徐家套村、苞茅冲村、大屋冲村、冯家畈村、凉亭村、老屋湾村、窑湾村、田家畈村、程早村、毛家坳村、麦阳畈村、板桥畈村、水口村、杜家山村、付家山村、天堂村、郑坊村、汤家湾村、竹林湾村、营坊村、卡里村、刘家咀村、张家咀村、武显庙村、古城村、饼子铺村、周家畈村、方家畈村、仙人岩村、叶家山村、库区村、栗树咀村、隘口河村、张家山村、下马头村、胡家山村、新店村、羊山村）。

四、经济与人口

石头咀镇产业以农业及农业延伸的加工业为主，近年来逐步调整产业结构，第二、第三产业发展较快，并带动了全镇经济水平迅速提升，逐步实现了镇域人口全部脱贫目标。

截至 2019 年，石头咀镇户籍人口为 35 560 人。从年龄结构分析，成年人所占比例较大，青少年和老人占比较小，呈现"中间大、两头小"的分布特征。全镇人口受教育程度以初中和小学为主，大专以上学历人口占 4%～5%。

第二节 石头咀镇旅游业现状

一、石头咀镇旅游资源现状

英山县石头咀镇旅游资源丰富，自然类旅游资源主要有大别山主峰、吴家山国家森林公园、五峰山林场、篓子石、西河、张家咀水库、荷包湖等；人文类旅游资源主要有南武当、黑石禅寺、陈氏祠堂、玉皇顶等。石头咀镇主要景点发展现状详见表 3-1。石头咀镇应充分利用丰富的旅游资源，在生态文明建设的大背景之下发展旅游业，推动大别山区经济长期、稳定、可持续发展。

笔者通过大量实地调查和研究分析发现，石头咀镇区位优越，旅游资源丰富且空间分布上较为集中，具有良好的发展基础，但其旅游产业发展却相对滞后。旅游开发不足、社会经济贡献度差的现实表明，石头咀镇旅游产业的组织、开发、运营过程存在着一系列问题，比如景区设施建设不完善，旅游服务基础设施缺乏，景区与镇区未形成有机联系，旅游营销策划宣传缺失，未融入区域旅游开发等。这些问题都严重地制约着当地的旅游产业发展、社会经济进步以及人民生活水平提高。

表 3-1　石头咀镇主要景点发展现状

主要景区	主要景点	景区特色	发展现状	与周边对比
吴家山	河谷景区	河谷景区,可利用缆车形成小环线,春季赏樱,秋季看红叶	年均客流量 27 万人次(其中购票游客 15 万人次),门票收入 200 万~300 万元,总收入 2000 多万元;夏季为旅游高峰期,常有外国游客;由吴家山林场自主经营,投资来源少,资金不足	与罗田县存在较低层次合作。部分游客行程结束后会前往罗田县继续游玩,因交通不便、行政壁垒等因素,与安徽省基本无合作
	民俗文化村	—		
	石鼓神庙	—		
	南武当景区	南武当,长期修行者 20 多人,避暑赏景、观摩学习太极功夫,养生圣地		
	大别山主峰景区	大别山主峰和最高点,连鄂皖两省,跨淮河—长江两大流域		
美丽乡村	周家畈村	观光农业、茶园基地、栀子花基地、后花园漂流基地、文化遗产、烈士陵园	桂花基地 200 亩、果桑基地 100 亩、药材基地 500 亩;已建成美丽乡村	美丽乡村的发展未能带动品牌效应
	饼子铺村			
篓子石	红军洞	农副产品众多、养殖业发达	政府+私人投资,英山县人民政府在公共设施建设中给予支持,从北部引入的英山县旅游公路处于修建中	餐饮设施不健全、卫生状况有待改善、交通闭塞、启动资金较少
	龙潭瀑布			

续表 3-1

主要景区	主要景点	景区特色	发展现状	与周边对比
五峰山林场	玉皇顶	盛产中药材,植被茂盛、生态原真性保存良好;佛寺文化丰富,分布有佛寺景观群	已修筑两条较低等级的柏油公路,一条通往安徽,另一条通往邻镇	需加强森林防火,改善居民生活条件
	观音庙			
文化小镇	—	乡土风情	新农村建设	缺乏村民参与
荷包湖	荷包湖	形如荷包,水体景观	度假村开发	—
张家咀水库	张家咀水库	水源地,水体景观	水源地保护与旅游开发的关系协调	—
西界岭村古街道	—	长200多米,为明清古街,是鄂皖分界线,也是江淮分界线	保护不力,破损严重	宣传不足
史前遗址	—	新石器时代和西周时期遗址,历史悠久	郭家湾遗址等	—

二、旅游发展现状对比

1. 县域内部的对比

英山县始终秉持着"全域旅游、全业融合、全民参与"的发展理念,推动旅游产业效益不断提高。近年来,全县地区生产总值增幅每年都在10%以上,旅游业收入和涉旅产业收入所占比重达到65%。旅游业的发展增加了当地人民的就业机会，提高了农民收入，促进了全县经济的发展。

英山县人民政府所在地温泉镇以温泉资源为依托，结合正棋山旅游风景区、温泉山庄、五渚河等景区，大力发展特色旅游，镇域内已建成西、北两个温泉景点，城东建有毕昇文物纪念馆。同时，加大与周边地区的合作，建设温泉镇—红山镇—杨柳镇温泉旅游经济带，形成大别山温泉度假区，成为当地旅游经济收入的重要来源。旅游业已成为当地的支柱产业。

县内第一农业大镇杨柳湾镇，素有"鄂东门户"之称，地处鄂皖两省三县交界处。该镇以农业发展为基础，调整产业结构，形成以茶叶为特色的产业体系，目前种植茶叶31 000亩（1亩$\approx$666.67m^2），年产量达4000t，茶叶系列产值过亿元，并建立茶叶公园和茶叶旅游观光基地，同时加大对茶叶的深加工，出产"英山云雾"系列名茶。茶叶的种植与开发，为当地创造了可观的经济效益，促进了当地经济的大发展。

雷店镇依托桃花冲漂流项目，全力建设集漂流休闲运动、峡谷探险穿越、森林康体娱乐、奇异景观游览等功能为一体的综合性体验型峡谷风情漂流风景区。2009年，漂流一期项目获得1200余万元投资在桃花冲大峡谷开发建设，当年6月进行试营业；2011年，又投入400万元对漂流河道进行全新整治改造。桃花冲漂流风景区借助良好的生态环境、优越的区位优势、优质充足的水源和完备的安全保障设施、惊险刺激的漂流河道和一流的旅游服务设施而吸引了游客，实现了体验式旅游项目的良好发展，带来较好的社会效益和经济效益。

近年来，石头咀镇的第二、第三产业较以往已得到了较大的发展，然而其旅游业发展较其他乡镇而言相对滞后，对经济的带动作用较弱，资源优势未转化为经济优势。石头咀镇拥有大别山主峰旅游资源，但目前并未形成以大别山主峰为核心的旅游品牌效应。石头咀镇茶叶种植已获较大发展，但由于对茶叶的深加工不足，石头咀镇的茶叶对当地经济的带动作用远远不及杨柳湾镇，与茶叶相关的旅游产业发展缓慢。石头咀镇当前已开发后花园漂流、龙潭河大峡谷漂流两个重点漂流项目，但与桃花冲漂流相比，漂流项目的特色、规模和品牌效益仍需进一步加强。

2. 县域之间对比

英山县、罗田县和麻城市同属于黄冈地区所辖且同处大别山南麓，具有相似的地理环境和区域特征。

罗田县与英山县毗邻，资源丰富，是闻名全国的"桑蚕之乡""板栗之乡""茯苓之乡"和"甜柿之乡"。罗田县极力发展大别山旅游，营销力度大、抢先注册"天堂寨"商标，占得发展先机。天堂湖景区已发展成集水上游乐垂钓、休闲观光、民俗风情于一体的旅游景区。在大别山主峰景区内，罗田县的天堂湖景区开发相对完善。2019年接待国内旅游人数近千万人次，之后呈现逐年递增态势，经济收益持续大幅增长。罗田县注重景区的宣传和营销，其宣传和营销通过各种方式扩展到周边省市。同时，政府对旅游的重视度高，政策上给予鼓励支持，并加大景区开发的投资力度。罗田县人民政府很早就确立将旅游作为拉动县域经济的支柱产业，以此为契机扩大对外开放，发展本地经济，走出一条具有罗田特色的绿色崛起、跨越发展的新路径。

麻城市位于英山县西部，历史悠久，旅游资源丰富。县内有生长周期达数百万年的古杜鹃原生态群落100多万亩，其中龟峰山集中连片的古杜鹃群落面积达10万多亩。麻城市充分开发杜鹃花资源，分别举办和召开了杜鹃文化旅游节与杜鹃花国际学术研讨会，提升了麻城古杜鹃群落的国际地位和价值，如今"麻城看杜鹃"已成为麻城旅游的代名词。麻城市也被誉为国内知名的杜鹃花城，连续两年荣膺"全省旅游发展先进县（市）"。2019年，麻城市共接待国内游客1441万人次，实现国内旅游综合收入54.2亿元，同比增长了16.3%，充分合理地开发杜鹃花资源，提高了麻城的知名度，传播了当地的文化，促进了麻城社会经济的发展（图2-1）。

英山县作为鄂豫皖三省边境的腹地中心，通过利用当地丰富的自然风光和深厚的人文底蕴开发了一大批旅游景点，是华中地区著名的旅游胜地，2019年英山县接待的游客总量802万人次，实现旅游综合收入51亿元。但其旅游发展状况仍相对滞后，对旅游业发展的理解和定位不尽明确，未形成旅游产业总体发展的基本格局，导致开发在先的英山县旅游业却远远落后于其他县域。在与周边旅游开发对比中，可以发现旅游形象创建、旅游品牌营销、管理体制完善以及基础设施建设的重要性，而目前以石头咀镇为代表的英山县旅游开发在上述几方面均存在着较大的提升空间。例如，石头咀镇张家咀水库

图 2-1　麻城杜鹃

有上万亩桐花,桐花开时漫山遍野,美景不输麻城杜鹃,但是目前这万亩桐花尚处于原生状态,对其价值的认知和开发管理缺乏有益的探索,同时这一独特资源未得到应有的重视和保护。

3. 省际之间的对比

以大别山主峰为界,英山县与安徽金寨县、霍山县毗邻。三县都位于大别山地区,依托大别山主峰发展山区旅游业。

金寨县位于大别山腹地,是"三省七县二区"结合部。金寨县以我国第二大将军县、著名的革命老区为依托,大力发展旅游业。金寨旅游资源开发较早,自 1994 年以来,相继编制了天堂寨相关各类规划。金寨县先后获得了 40 余项国家、省级荣誉称号及头衔,知名度大幅提升。2012 年,金寨县天堂寨景区和梅山水库景区分别成功晋级为国家 AAAAA 级和 AAAA 级旅游景区,全县拥有 A 级旅游景区 15 个。金寨县凭借丰厚的红色文化底蕴、丰富的红色旅游资源,探索出一条通过绿色旅游资源强化红色旅游吸引力的发展道路,促进了旅游业大发展,2019 年游客接待量突破 1000 万人次,旅游综合收入超 40 亿元,旅游业对经济的带动作用日益凸显。

霍山县旅游资源丰富,"三山三湖"赋予璧山"黛山秀湖"之美,拥有扼皖西咽喉的独特区位优势。目前,霍山以璧城中心旅游区开发为依托,持续推动霍山县凤文化、文庙、古山寨、古遗址、古墓葬等人文类旅游资源和多湖多山的生态旅游资源开发,大力发展特色旅游业。2019 年仅上半年共接待游客近百万人次,同比增长 261%,实现旅游综合总收入 11.38 亿元,同比增长 342%。旅游产业成为政府财政收入的主要来源,旅游业发展为霍山县的支柱产业。

英山县与金寨县、霍山县相比,旅游业对经济的带动作用不明显。景区开发观念落后,开发力度不够,以吴家山区域的大别山国家地质公园、吴家山国家森林公园等为代表的自然旅游资源和以南部宗教文化为代表的人文资源均未得到充分合理的开发;政府对旅游开发不够重视,相关规划起步较晚。金寨县 1994 年就开始编制相应的旅游发展规划,霍山县的规划也起步较早,而英山县在 2018 年才开始重视旅游规划的编制,无秩序的开发既造成了资源的闲置和浪费,又阻碍了旅游业的发展。

4. 同类地区之间的对比

神农架木鱼镇和石头咀镇都属于紧邻优质山水旅游资源并为旅游开发提供基本服务支撑的山区小镇,无论从与景区空间关系来看,还是以功能层面来看,都具有很好的比较研究价值。木鱼镇地处神农架南部,已形成以旅游经济为主导的经济发展模式。木鱼镇以原始森林为核心,发展特色旅游业,促进了当地经济的发展。2017 年,以木鱼镇为重要依托的神农架游客量突破新高,达 1316 万人次,到 2018 年,游客接待量高达 1590 万人次,比上一年增长了 20.8%,2019 年的旅游收入由 2017 年的 47 亿元增长至 57.3 亿元,无论是游客吸引能力还是旅游收入都成倍增长。

木鱼镇城镇建设和旅游发展采取了将旅游活动与镇区相分离的空间组织模式,这种空间结构一方面实现了旅游活动和本地居民日常生活的区隔,避免了两种活动的相互干扰;另一方面,保证了旅游发展用地的供给和旅游活动的有序开展。同时,木鱼镇在旅游资源开发过程中,十分注重生态环境保护,全镇累计完成退耕还林一万多亩,实施生态修复工程一千多亩,加快实施对污水和垃圾处理环保项目的实施,解决环境污染问题。木鱼镇延长"旅农林"生态经济产业链,发展林下产业,全镇建成茶叶基地八千多亩,有机茶种植面积达到两千多亩,先后组建神农架有机茶开发有限责任公司和青峰茶业有限责任公司等龙头企业,并以此扩大生产经营规模,实现品牌塑造和市场开拓。

石头咀镇旅游资源的空间分布与镇区的空间关系同木鱼镇有相似之处。石头咀镇旅游资源沿西河呈"Y"形分布,镇区分布在南部,而吴家山区域的大别山国家地质公园、吴家山国家森林公园、五峰山林场等主要旅游资源分布在北部,景区与镇区相隔。此外,石头咀镇旅游资源的开发目前尚未形成统一的管理机制,开发过程中生态环境保护意识薄弱,未充分认识到退耕还林、生态修复等生态维育工作对旅游发展的重要支撑作用。

第三节　石头咀镇旅游业发展问题

从大别山旅游的开发和效益来看,石头咀镇目前的旅游业发展仍然处于较低的水平,与周边地区相比处于劣势,存在的主要问题包括如下几项。

一、景区之间空间隔离、集聚性弱,景区可进入性差

石头咀镇旅游资源丰富,景点众多。从分布上看,旅游资源沿西河呈"Y"形分布,形成三大片区:镇域西部吴家山片区、东部五峰山-叶家山片区、南部镇区与红色旅游区。景区分散布局在镇域内,没有形成规模效应。从交通上看,三大片区之间还没有完善的交通旅游线路连接,空间距离虽然不远,但因受限于地形和交通条件,联系十分不便。复杂的地形条件和不完善的交通体系大大增加了景区之间的交通成本。

同时,石头咀镇景区的可进入性差。石头咀镇处于大别山地区,受限于山区自然地理条件,公共交通较为落后,内外联系困难。通往北部安徽省只有镇域南北向的主干道S201省道,镇域东西向主干线大别山腹地公路向西通往罗田县,道路通行条件差。镇区南距G318国道、武英高速公路38km,距京九铁路98km。这在一定程度上影响了景区招商引资以及基础设施的建设,影响了景区通达性,未来还有待进一步提升。

二、旅游景区开发滞后,旅游资源保护不力

石头咀镇景区在基础设施方面仍存在滞后现象。由于投资不足、规划不合理和管理不善等原因,一些景区内部交通、停车场等公共设施无法满足游客需求。为解决这个问题,政府和相关部门应加大对景区基础设施建设方面的投入力度,并完善规划设计。同时,在实际执行过程中须强调合理性与环保性。

还有一些景区由于缺乏有效的保护措施和管理制度,正面临严峻的保护问题。乱搭建、乱拆除等行为,严重破坏了景区原始风貌。为解决此类问题,政府和相关部门应加大对重要旅游资源的保护力度,建立健全旅游资源保护的法律法规和制度。

三、景区管理体制混乱

石头咀镇镇域内旅游资源和景区管理存在着多头管理、体制不清、机制落后等多重问题。

多头管理、体制不清,使各机构权、责、利界定不清,造成了现有景区管理混乱、开发不力以及发展后劲不足的局面。换言之,其管理体制存在着政府责任与企业目标之间的矛盾,作为政府部门,行政级别过低,财政支持不够,且担负较大的政府责任;作为企业,经营内容不明,包袱过大,这种管理体制不利于景区的开发与保护。

四、发展理念落后

石头咀镇发展理念较为落后阻碍了景区开发和建设,造成了优质旅游资源的闲置与浪费。因该地处于大别山"老少边穷"区域,发展观念较为落后、创新意识不强,未能准确定位景区发展方向,在景区规划建设、管理运营、宣传营销等方面均缺乏创新。五峰山的旅游资源与吴家山的旅游资源具有较强的相似性,其"模式"提前有照搬吴家山的倾向,

如不能充分挖掘五峰山区域的资源特色和优势极易形成内部的同质化开发和竞争,将会对未来石头咀镇总体旅游格局的形成造成不利影响。

五、旅游品牌形象塑造、营销、宣传滞后

旅游开发未树立自己的品牌形象。石头咀镇旅游资源丰富,既有人文旅游资源,又有自然旅游资源,但旅游开发中的产品营销和品牌创建非常滞后,与周边地区相比,其旅游品牌形象基本处于空白状态。大别山主峰天堂寨的最高控制点即位于石头咀镇内,但"天堂寨"的品牌已被罗田县抢先注册,并占得发展先机,树立了大别山主峰景区的品牌形象,推动了罗田旅游事业的跨越式发展。

旅游产品营销和宣传力度不够。广告宣传前期需要大量资金投入,石头咀镇经济发展水平相对落后,旅游宣传资金投入受限。大多数景区发展尚不完善,目前资金投入的重心在于开发建设,旅游产品营销未得到应有的重视。而罗田县的旅游开发从一开始就重视旅游产品营销和宣传,在黄冈、武汉、黄石、鄂州等周边城市投入大量资金推出城市公交车车身广告,同时在高速公路上设置大量广告牌,利用多种形式推介罗田旅游,宣传效果良好。

推销策略单一,整体营销意识薄弱。推动策略和拉引策略是促销中常用的两种策略,广告、公共关系及公共宣传、人员推销以及旅游宣传品、纪念品等都是旅游开发常用的推销手段。目前,石头咀镇旅游开发的整体营销意识薄弱,政府与企业之间、企业与企业之间、景区之间,缺少合作,未形成合力共同促进当地旅游事业的发展。例如在吴家山景区,只设有本景区的简介,没有周边其他景区的相关介绍,导致旅游信息单一,不能为游客提供更全面、更丰富的旅游体验。此外,旅游宣传品、纪念品等末端营销工具开发滞后,如各个景区的宣传画册、文创产品、特产等旅游产品较少。同时,旅游产品和线路开发与旅行社联系不够紧密,使整个旅游活动的开展与市场存在一定程度的脱节。

六、景区服务设施不够完善

景区内服务设施不够完善,其建设明显滞后,缺乏应有的接待能力和接待标准。交通方面,道路设施建设相对落后。除3家旅行社挂牌布点的宾馆外,大部分为村民自发设立的农家乐,缺乏统一管理和监督,提供旅游接待服务层次较低,难以满足游客需求。

此外，石头咀镇地处山区、气候气象服务、医疗卫生服务等都有必要进行建设和提升，以支撑未来旅游业的发展和升级。

设施无序化和服务不到位的情况也同时存在，如景点指示牌等景区标志系统不清晰，停车场等基本配套服务设施缺乏等，这些都影响了旅游活动的开展、旅游服务质量的提升以及旅游形象的构建，成为未来石头咀镇旅游业做大做强的制约因素。

第四节　问题成因解析

一、经济水平相对落后

石头咀镇的经济结构目前还是以农业生产为主，经济发展水平较为落后。而旅游业发展过程中接待设施建设、景区环境治理、景点开发建设等前期基础性建设是旅游事业得以启动和发展的基础，需要大量的资金投入，这对于经济基础薄弱的石头咀镇来说存在着较大困难，当地缺乏基本的前期启动资金。同时，落后的发展状况还造成了旅游开发缺少规划、旅游景点建设混乱等乱象，这些问题又反过来影响了地方投资环境，限制了其他外来资金的进入。此外，经济条件较差，还表现在产业结构的单一、旅游产业链的不完整以及旅游产品供给能力不足等方面。镇区缺乏与旅游活动相配套的其他产业，连最基础的娱乐、购物等业态都缺失，旅游产品的开发没有深度，与旅游活动联系最紧密的纪念品制作等手工业也未得到开发。经济基础薄弱的客观现实是石头咀镇旅游业难以得到有效发展的主要因素之一。同时，主观上对旅游业的重视程度不够，对旅游业的资金投入不足，也是旅游业发展的制约因素之一。

二、管理体制和经营理念落后

管理体制上的分散造成了旅游开发缺乏统一规划和协调，甚至造成了旅游资源的争夺、旅游开发的恶性竞争等混乱局面。同时，在此局面和经济利益的双重驱动之下，还出现了重开发轻保护的情况，对石头咀镇优质的旅游资源和良好的生态环境造成了破坏，尤其是一些有价值的旅游资源具有不可再生性,一旦破坏会造成难以挽回的损失。管理体制的多头混乱严重制约了石头咀镇旅游事业的发展。

此外,在多头管理之下,各部门的经营理念存在很大差异,盲目短视的开发建设时有发生。同时,由于地处大别山贫困地区,发展理念相对落后,也影响了旅游发展的管理和经营。当地政府虽大力支持旅游业的发展,但是各景区对自身定位并不一致,且存在一些偏差。对旅游景区的定位,就是对旅游景区的价值、特色、吸引力等方面进行全面审定,以确定其在同类景区中的地位。对景区的开发定位不同,其开发战略就大不一样,景区的规划、广告宣传、投资规模、资金投向重点也就不同。准确的定位可以大大减少开发的盲目性,而错误的定位,不仅会造成巨大的浪费,还会使景区的生命周期大大缩短。

三、居民对旅游开发认知不够

信息化和新农村建设背景之下,部分当地居民的思想并没有与时俱进,得到明显提升,比如对旅游发展的认知还停留在单纯的观光层面,小农思想普遍存在,对旅游开发参与度较低等现象普遍存在。石头咀镇居民对旅游资源的认识不够:一方面对当地的特色以及优势认识不够深入,盲目跟风发展旅游,没有充分利用本地特色发展出自己的特色旅游项目,与其他乡村旅游雷同、缺乏新意,阻碍了旅游产品的品质提升和结构升级。另一方面,当地居民对旅游开发的认识停留在较低层次,多重视短时间利益的获取,而忽视其人文内涵以及未来的长远利益,因而影响了当地旅游资源的开发深度。另外,乡村休闲旅游行业从业人员主要是当地村民,他们大都未在从业前受过严格的教育培训和服务指导,很难将当地具有民风乡俗的深层次内涵传达给游客,影响了旅游服务质量。

四、外部投资进入渠道不通畅

贫困地区的旅游发展与外部投资引入具有较强的关联性,外部投资的短缺会直接影响景区的基础设施建设、旅游资源开发以及旅游景区整合。贫困地区旅游产业要想做大做强,必须整合各类投资主体的力量,为资本进入提供安全通畅的渠道和稳定持续的后期服务,以帮助资本真正落地并与当地发展相融合,逐步带动经济发展,形成良好的示范效应和规模效应。

石头咀镇旅游资源虽然丰富且优质,但对外营销宣传力度不足。外来资本在各地争相招商的大环境之下,很难对当地资源形成较为集中的关注。同时,本地基础设施建设、管理经营体制等方面也不够完善,没有形成安全通畅的投资基础和环境,不能对外部投资产生较好的吸引力。在此大背景下,一方面,当地经济能力有限,不能有效支持当地旅游业发展;另一方面,外部资金进入渠道的通畅性和稳定性又得不到保证,使石头咀镇旅游业发展基本处于无序自由状态,旅游资源得不到有效开发,旅游景点之间不能得到有效整合,没有形成产业之间相互协调带动、共同发展的局面。

第四章 英山县石头咀镇旅游发展定位与目标

第一节　总体定位

为推动脱贫致富,根据石头咀镇的区位条件、资源条件及在英山县旅游产业体系中的地位,将石头咀镇旅游发展方向定位为湖北省重要的旅游名镇,重点发展山水生态旅游和文化体验旅游。

随着国内旅游需求层次的变化、石头咀镇旅游发展情况的变化以及周边罗田、金寨等地区旅游环境的变化,综合考虑旅游业在未来石头咀镇经济发展中的地位,石头咀镇在英山县旅游发展中的地位,以及石头咀镇与外部旅游发展的竞争合作关系,将石头咀镇旅游发展定位为:以"全域一体,全省一流"的发展战略,围绕"山水为魂、文化为先、休闲为主"的理念,以生态文明和美丽乡村建设为主旨,以文化体验和山水观光为重点,以科普教育和生态保护为特色,以户外探险和休闲度假为补充,把石头咀镇建设成为集文化体验、山水观光、科学教育、养生康体、休闲度假、户外探险、研学旅游等多种功能于一体的大别山地区重要的休闲旅游目的地和湖北省内知名、全国具有一定影响力的生态旅游名镇。

第二节　发展目标

一、总体目标

石头咀镇旅游发展以其丰富的自然、生态、文化及宗教旅游资源为基础,以区域旅游合作为依托,以中国中部旅游市场为导向,以加快基础设施建设为保障,以塑造山水景观品牌为重点,不断增强在湖北省内外旅游市场的影响力、吸引力和竞争力。根据石头咀镇旅游名镇建设的总体定位,将其总体发展目标确定为:湖北省旅游名镇、综合旅游小镇、最美乡村、大别山地区重要的旅游目的地。同时根据其发展基础,从以下四个层级确立石头咀镇旅游产业发展的具体目标。

(1)全国:石头咀镇成为依托旅游产业建设美丽乡村的典范。

(2)湖北省:石头咀镇成为集自然观光、文化休闲、养生度假于一体的旅游名镇。

(3)黄冈市:石头咀镇成为黄冈市全域一体旅游格局中特色鲜明的旅游新镇。

(4)石头咀镇:旅游产业成为石头咀镇的经济支柱产业。

二、分期目标

根据石头咀镇旅游发展总体定位和目标,结合石头咀镇的历史和现实状况,石头咀镇旅游名镇建设可分为近期、中期、远期3个阶段。

1.近期——整合和起步阶段

完成对石头咀镇镇域内所有旅游资源的评估和整合,初步建设支撑旅游产业发展的基础设施,初步建立支持乡村旅游发展的政策体系,持续推进旅游产业的宣传和营销,营造美丽乡村的新形象。石头咀镇在整合资源、健全基础设施、加大宣传力度的基础上,可努力实现与罗田县、金寨县的旅游产业合作,提高知名度,形成互利共赢的态势。协调旅游业与第一、第二、第三产业的发展关系,加快建设特色农副产品基地,加大特色旅游产品的开发力度,延长旅游产业链,带动特色农业快速发展,使旅游产业成为石头咀镇的重要产业。完善石头咀镇镇区功能配套,加强基础设施建设和综合治理,不断改善乡镇生态环境,着力提高现有旅游接待水平,创建功能齐全的旅游服务中心。初步实现生态旅游名镇的旅游资源重构、旅游活动重组。

2.中期——推进和发展阶段

凭借石头咀镇良好的区位条件,以国家积极稳妥推进新型城镇化和美丽乡村建设为契机,依托丰富的旅游资源优势,以特色生态农业和旅游产业开发为动力,不断推动基础设施建设、优化城乡用地布局,协调产业结构发展和空间布局、完善环境保护与生态建设,基本完成石头咀镇旅游名镇的基础设施建设,初步完成旅游产业空间整合,争取实现旅游产业成为镇域经济支柱产业的目标,助推石头咀镇旅游蓬勃发展。

3.远期——提高和调整阶段

继续优化产业结构、完善基础设施、合理布局土地,持续推动乡村旅游业的可持续发展。促进文化旅游名镇建设、进一步优化旅游产品结构,重点发展参与性休闲度假旅游产品及专项旅游产品;开发旅游新业态,并将旅游新业态在石头咀镇镇域内全面铺开;通过基础设施的不断建设和完善,将石头咀镇的发展劣势转化为优势,实现生态、环境、资源优势向经济发展优势的转变,将发展局限转变为后发优势。实现生态安全文明、环境健康有序,区域和城镇可持续发展能力持续提升,完成石头咀镇旅游发展总体目标,实现生态环境正常维育、产业结构调整升级、区域旅游产业发展合作共生,切实提高石头咀镇的旅游形象和人民生活水平,使旅游产业成为石头咀镇的重要支柱产业,将石头咀镇建成自然景观优美、生态环境优良和文化优势突出的生态旅游名镇。

第三节　形象定位

一、旅游总体形象

21世纪,"形象力"竞争将成为市场竞争的主导形式之一。因此,在旅游资源开发策略制定过程中,旅游形象的塑造具有举足轻重的作用。旅游资源特色是旅游地的灵魂和生命,也是旅游形象塑造的基础。石头咀镇应找准和突出自身特色,形成鲜明的、富有个性的旅游形象,并加以精心包装,大力宣传,帮助石头咀镇构筑新的旅游发展形象,成为对区域和全国范围内游客有吸引力的旅游目的地。石头咀镇旅游资源丰富,优美的生态环境、丰富的宗教文化和深厚的红色文化是其最大的特色和优势,因此,石头咀镇的旅游形象应是多方面、多层次、多样化的。

二、主题形象与宣传口号

符合特定市场需要的形象,才会对特定市场具有吸引力。旅游形象是促使游客对景区产生良好印象的重要信息源和兴趣点,是吸引游客前来旅游的动力源泉。基于旅游总体形象和发展理念,结合石头咀镇客源市场细分和旅游发展定位,应设计主题形象并推出宣传口号,以完善和强化石头咀镇旅游形象。

第四节 旅游客源市场的确定

一、实地调查

前期调研阶段主要采用实地调查法,笔者对政府工作人员、景区管理人员以及当地居民等进行了细致的访谈,同时通过大量实地调研了解了石头咀镇旅游资源和旅游市场的基本情况,获得了详尽、真实的第一手资料,为后期提出发展策略提供了可靠的基础资料。

1. 调查原则

调查的目的是为了收集足够的、真实有效的信息为石头咀镇旅游发展服务,为石头咀镇的市场预测和市场定位提供参考依据。为了提高调查的效率,保证信息的质量,调查须遵循以下原则。

(1)科学性原则:调查需要有正确的指导思想、严格的规章制度、科学的工作标准、合理的调查方法。

(2)客观性原则:客观性原则是指一切从实际情况出发,在正确的理论指导下,进行客观、科学的分析研究。

(3)时效性原则:时效性原则是由调查的性质决定的,收集、发送、接收、加工、传递和利用调查资料的时间间隔要短,效率要高。

(4)经济性原则:经济性原则是指调查应按照调查的目的和要求,选择恰当的调查方法,争取用较少的费用获得最佳的调查效果。

(5)准确性原则:调查必须获取真实准确的信息,才能有效地为管理决策提供信息服务。准确性原则要求必须真实地、准确地描述客观现象的属性特征,调查误差应尽可能小,没有系统偏差,没有人为干扰。

(6)全面性原则:全面性原则又称系统性原则,是指调查必须全面系统地收集有关市场经济信息资料。

2.技术方法和实施过程

本次调查以实地调查法为主,主要采取现场观察法和询问法来收集旅游客源的相关资料。笔者对所收集资料进行系统化整理及分析后,得出石头咀镇旅游客源市场的相关结论。

3.调查结果

1）省内及武汉城市圈旅游客源市场

(1)客源市场不断壮大。随着经济的发展和生活水平的提高,以及消费观念的不断改变,旅游成为治愈和自愈的首选。旅游市场持续释放积极信号,旅游业得到了迅猛发展。作为社会经济发展水平较高的湖北省,旅游需求在近些年也得以不断增加。

(2)客源市场出现的一些新特征。游客更注重消费场景的多样性,更注重旅游产品的内容,为体验买单。旅游档次不断提高,旅游规模也持续不断扩大,游客的旅游方式和旅游趋向朝着新颖化、个性化发展,文化性与体验性也更受到游客的重视。

湖北省尤其是武汉城市圈的各主要城市自驾车旅游市场发展迅速,为石头咀镇提供了良好的发展机遇。石头咀镇应适时整合旅游资源,推出特色自驾车旅游产品和线路,将会大大吸引湖北省尤其是武汉城市圈自驾游客源市场并增加石头咀镇的游客量。

武汉市民节假日旅游需求非常旺盛,石头咀镇应抓住节假日时机,改善节假日旅游出行环境,推出节假日游、周末游特色产品以及优惠促销活动,增加节假日旅游市场对游客的吸引力。

2）黄冈市旅游客源市场

黄冈市是湖北省重要的经济大市,社会经济发展水平较高,城市居民生活节奏较快,人们长期面临较大的生活压力,旅游消费需求较大且具有一定的消费能力,作为客源市场其规模与地位在不断扩大与提升。

(1)黄冈市游客观光类型。黄冈市游客客源市场以观光旅游为主,这说明黄冈市旅游产品结构比较单一,旅游资源多样性的优势还未得到充分发挥,游客市场潜力有待挖掘。因此,结合石头咀镇资源现状,石头咀镇发展宜重视观光旅游市场,推出特色观光产品,同时要走差异化路线,推出特色主题旅游产品如文化体验、休闲度假、户外探险等,通过多种旅游产品的设计与开发来吸引黄冈市客源。

（2）黄冈市游客出行方式。黄冈市游客出游主要以亲朋结伴自发自助出游较多,因此石头咀镇要重视自助游游客市场,通过多种途径如微博、微信、网络短视频以及各类旅游APP向特定客源市场宣传推广当地吃、住、行、游、购、娱等相关旅游信息,为游客提供及时便利的资讯服务,增强石头咀镇对自助游游客市场的吸引力。

3）英山县旅游客源市场

近年来英山县转变经济发展方式,统筹经济社会协调发展,人民生活水平持续提升,消费能力不断增强。同时依托旅游业在国内的良好发展态势,英山县民众旅游观念和意识也逐步形成,旅游需求不断增加,走出家门旅游已成为民众最为重要的休闲方式之一,因此客源市场规模也在不断扩大。由于地缘上的天然邻近性和行政隶属关系,英山县未来将成为石头咀镇重要的客源市场地。

二、市场预测

1. 游客规模预测的依据和方法

大别山国家地质公园、吴家山国家森林公园、大别山国家级自然保护区在石头咀镇旅游发展中占据极其重要的地位,旅游资源吸引力强,游客到英山县旅游一般都会来此处游玩,加上英山县政府和社会各界的大力支持,游客规模将会出现较大的增长。根据石头咀镇的吸引力、区位条件、客源基础、旅游主体的需求趋势,综合石头咀镇建设速度、环境容量状况、周边旅游地的开发情况,可确定比较合理的游客增长率。本预测不考虑国内政治、经济及自然变化等不确定因素产生的消极影响。

2. 石头咀镇游客规模预测结果

根据实地调研资料,在新冠肺炎疫情发生之前石头咀镇游客接待量一直呈稳定增长态势,受其影响,英山县包括石头咀镇在内的多个地区游客接待量较以往显著下降,2020年减少近40万人次。2021年伴随着石头咀镇基础设施不断完善、交通可达性提高以及旅游产业相继构建,景区恢复营业,石头咀镇游客接待量快速回升,故本书以2021年59.39万人次为基数对石头咀镇的游客规模进行预测。在参照其他类似旅游乡镇的游客增长率情况的基础上,预测2021—2025年其增长率将维持在10%,后期随着新冠肺炎疫情得到较为全面的控制,旅游市场规模也将持续扩大,长途游客人数会呈现一定增长,景区游客接待量将实现稳步提升,远期2026—2030年增长率将增至15%。具体预测结果见表 4-1。

表 4-1 石头咀镇游客规模预测表

分期	年度	增长率/%	人次/(万人次·年$^{-1}$)
近期	2021	10	58.39
	2022		64.23
	2023		70.65
	2024		77.72
	2025		85.49
远期	2026	15	98.31
	2027		113.06
	2028		130.02
	2029		149.52
	2030		171.95

三、市场定位

按旅游接待量和地区分布将客源市场划分为：一级客源市场、二级客源市场、三级客源市场和潜在客源市场。

1. 国内旅游客源市场定位

(1)一级客源市场。英山县以及黄冈市所辖麻城、红安、团风、蕲春、罗田等地，周边地区包括湖北武汉、黄石、鄂州以及安徽霍山、金寨等在空间上与石头咀镇邻近地区。这些地区的游客能够通过高速公路、省道、县道便捷通达，是石头咀镇主要客源地。

(2)二级客源市场。二级客源市场主要位于周边 200km 空间范围内的其他城市，包括孝感、咸宁、仙桃、潜江、天门等武汉城市圈城市，荆州、荆门、宜昌、襄樊等湖北省内其他城市，以及江西西北部的九江、安徽西部的安庆、河南东南部的信阳等城市。这部分客源市场经济较为发达、居民收入比较高、消费能力较强,且普遍具有较强的消费意愿和稳定的旅游消费习惯,是石头咀镇未来重点发展的客源地。

(3)三级客源市场。三级客源市场是除一级、二级客源市场之外与旅游地空间距离在500km之内的湖南、江西、安徽等其他地区城市,以及消费需求旺盛的上海和江苏等长江三角洲发达地区的城市。

(4)潜在客源市场。潜在客源市场包括北京、广州、重庆、成都、西安、沈阳等国内其他经济比较发达,且居民有外出旅游习惯的城市和地区。

2.境外客源市场定位

(1)一级客源市场。境外一级客源市场是港澳台地区。

(2)二级客源市场。境外二级客源市场包括以日本、韩国为代表的东亚地区和以马来西亚、新加坡、印度尼西亚为代表的东南亚地区。

(3)三级客源市场。境外三级客源市场是西欧、北美等欧美发达国家。

(4)潜在客源市场。境外潜在客源市场是美洲、大洋洲等全球其他地区。

第五章 英山县石头咀镇旅游资源调查与评价

据国家旅游局颁布的《旅游规划通则》(GB/T 18971—2003),旅游资源是指自然界和人类社会凡能对旅游者产生吸引力,可以为旅游业开发利用,并可产生经济效益、社会效益和环境效益的各种事物和因素。旅游资源是旅游业发展的前提。科学系统地进行旅游资源调查与评价是一个地区做好旅游发展科学决策、旅游资源合理开发以及旅游事业健康发展的基础。

根据成因和性质,石头咀镇旅游资源可划分为自然资源和人文资源两大类。自然资源就是指长期自然活动形成的景观资源,而人文资源则是指在人类长期实践活动中通过劳动创造出来的景观资源。以下对石头咀镇主要旅游资源进行介绍与评价。

第一节 旅游资源基本概况

石头咀镇拥有复杂的地形地貌,独特多样的气候环境,丰厚的红色文化、多样的宗教文化以及丰富的动植物资源,形成了类型多样的景观资源(图5-1)。

石头咀镇地处大别山地区,山峰层峦叠嶂,镇域内拥有大别山国家地质公园、吴家山国家森林公园、五峰山及叶家山等山岳景观集中的旅游区,同时拥有多座风景优美的水库和坝塘。主要景点包括:南武当、龙潭峡谷、篓子石、红军洞、玉皇顶、杜鹃花林等,其中篓子石、红军洞等景点拥有美丽的传说和动人的故事。同时由于地处革命老区,镇域内红色文化遗迹众多,分布较广。

第二节 自然景观资源

石头咀镇地形呈北高南低的态势,北部山区海拔800~1600m,南部丘陵地区海拔400~700m,属北亚热带季风性湿润气候,气候温和,四季分明,雨量充沛,日照充足。石头咀镇自然景观资源十分丰富,以西河为中轴线将石头咀镇分为东、西两个区域。西部吴家山区域,包括大别山国家地质公园、吴家山国家森林公园、大别山国家级自然保护区、荷包湖等,中轴线上有张家咀水库,东部五峰山—叶家山区域,包括五峰山、篓子石等。

第五章　英山县石头咀镇旅游资源调查与评价

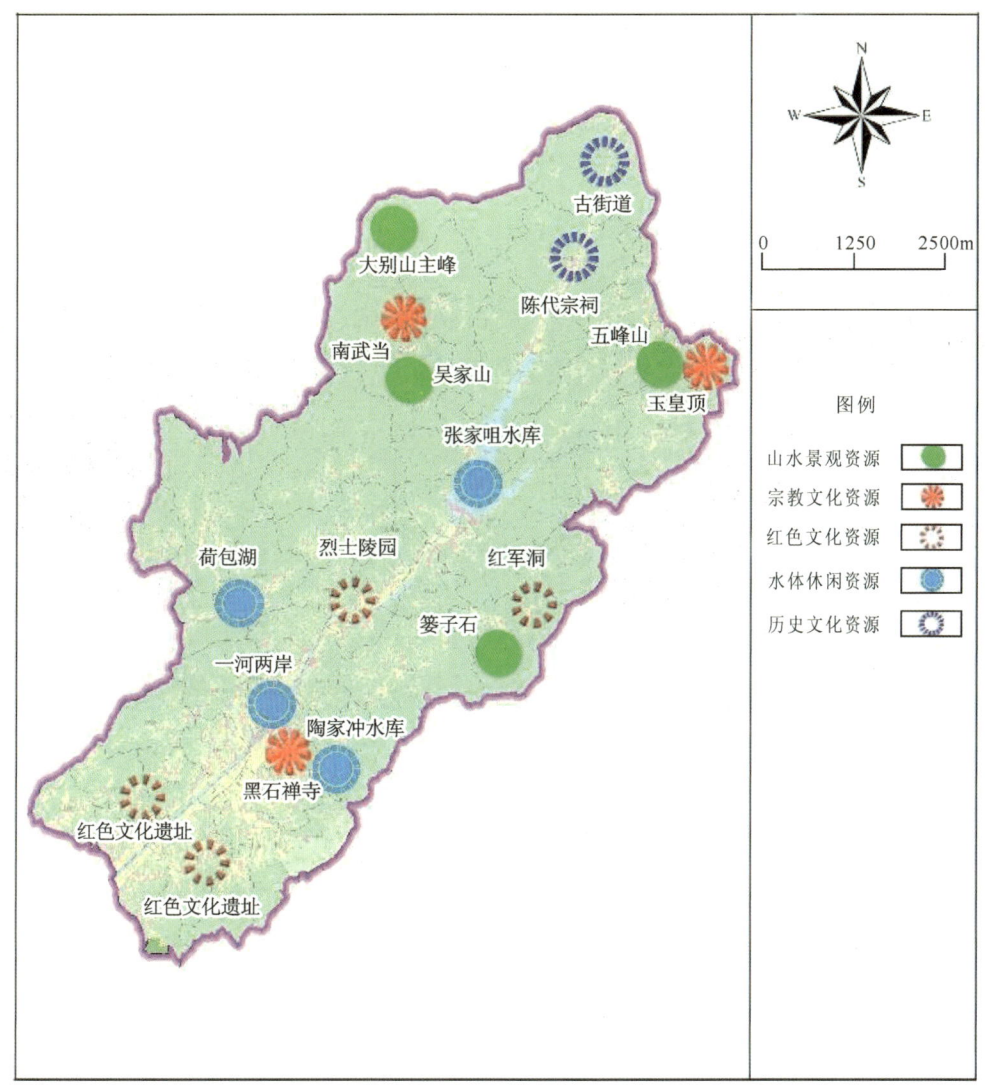

图 5-1　石头咀镇旅游资源空间分布图

一、吴家山国家森林公园

吴家山国家森林公园位于石头咀镇西北端,昔称"蜈蚣山",是北亚热带与暖湿温带交汇的典型地带,四季分明,日照充足,雨露充沛。拥有大面积的山地森林,森林覆盖率为95%。地势为西北高,东南低。吴家山层峦叠嶂,陡峭逶迤,状如飞天蜈蚣。公园内有动物两百余种,其中属于国家保护动物的有金钱豹、小灵猫、长尾雉、娃娃鱼等。公园内植物资源丰富,是大别山幸存的一块较为完整的华东植物区系代表的一部分(图5-2)。

图 5-2　吴家山国家森林公园风光

二、荷包湖

荷包湖原为河铺水库,因四面群山环绕,将湖面围成荷包形状而得名。荷包湖水质清澈,水生生物种类繁多,湖边建有观鱼亭,湖中有小岛若干,可用于景观开发。北侧群山延绵不绝,总体形似一只卧在湖畔的啸天狮,威武雄伟。整个山湖景观融为一体,蔚为壮观。

三、张家咀水库

张家咀水库位于浠水支流西河上游,是英山县最大的水库,是一座以防洪为主,结合灌溉、发电、养殖和旅游等综合利用的水库。张家咀水库于20世纪70年代建成并投入使用。水库控制流域面积115km²,总库容1.104亿 m³。枢纽工程由大坝、溢洪道、东输水管、西输水管、坝后电站等建筑物组成。坝顶高程256.5m,最大坝高72m。库区内有3个自然村和1个森林公园。张家咀水库(图5-3)为均质土料结构。水库内有游船观光、垂钓等旅游项目。

第五章　英山县石头咀镇旅游资源调查与评价

图 5-3　张家咀水库

四、美丽乡村

周家畈村和饼子铺村是美丽乡村的主要建设区域,力争将其建设成为社会主义新农村的典型代表。该计划以绿化基地项目为依托,以桂花基地,果桑基地,药材基地为基础,全力打造茶园观光旅游区,农家乐旅游区以及中药生产基地。

五、五峰山

五峰山景色优美,风光秀丽,高峰耸峙,群峦环绕,因一道山梁上排列着五座山峰而得名,其中玉皇顶海拔 1380 多米,为英山龙脉点,相传武当山祖师爷云游时落脚五峰山,当地群众遂建祖师庙祈福消灾。当地群众每年农历正月初九,便会登山祈福,至今香火不断。五峰山顶峰有玉皇庙,为周边地区佛教信徒参拜的圣地。站在五峰山顶峰可以领略整个石头咀镇的秀美风光。此外,五峰山还有鸡冠石、豪猪洞等天然景观,夏季凉爽宜人,是避暑胜地。七彩杜鹃林也是五峰山地区的重要特色景观,杜鹃花盛开之时姹紫嫣红,漫山遍野,观赏性很强。七彩杜鹃中以紫色杜鹃最为名贵,花期仅有 20 多天,山顶与山脚开花时间相差半个月。同时,五峰山还生长有国家珍稀林木品种红豆杉和成片生长的野生猕猴桃。野生猕猴桃有一千多亩,一般9月至10月果实成熟可以采摘,是当地有名的土特产。

六、箩子石

箩子石位于湖北省英山县的东北角,耸立在石头咀镇和草盘地镇的大山之间,海拔1258m,因两块形似箩子的巨石而得名,属于英山八景之一(图5-4)。两座石峰如天外来石,兀立悬空,神奇绝妙,纯天然而无人工之痕迹。两块巨石相距100~120m,直径都在60m左右,高约50m。箩子石旁还有独秀峰、天马寨和一条仙女溪河谷,山高林密、古藤缠绕、峰峦叠翠、奇石林立、水质清澈。此外,箩子石以及周边的天心岩、天书石、情侣蛙、天佛石等自然景观承载着一个个美丽的传说,讲述着石头咀镇的历史由来、地形地貌和风土人情。关于箩子石的由来有一首民间诗歌传唱至今。

图5-4 箩子石

> **篓子石**
>
> 民间诗歌
>
> 仙人挑担篓子石,姐送情歌十八盘。
> 美女出自后花园,草鞋出自张家咀。

七、栗树咀村

栗树咀村位于吴家山山脚,拥有很多珍贵的古树名木,其中百年以上的古树有三种:苦槠树(两棵),枝干粗壮,四五人才能合抱,给人以饱经风霜、苍劲古拙之感,果子形如栗子;拥有三百多年历史的丹桂树花香四溢,令人心旷神怡;还有千年的紫薇树。这些古树保存完好,人与自然和谐共生,是栗树咀村旅游发展的重要景观。村内还有落差达数十米、宽四五米的瀑布,隔岸相望的夫妻崖,久赋传说的七龙河和仙人脚,天然形成形似房屋的石屋洞,以及曲折幽深的天然石洞机关寨等景观资源。村内自然景观资源密集、特色鲜明,且大多处于原始待开发状态,具有很好的开发基础和前景。

八、火炉尖

火炉尖位于英山县西河镇域内西侧,海拔近800m。登上山顶东看仙人挑担篓子石,南观羊角嵯峨,北望天堂主峰,西观麻姑仙踪,美不胜收。山顶奇石有四:东摆太师椅,南放洗脸盆,北架火炉堂,西看棋牌桌。山顶建有一座寺庙,据《英山县志》记载,该庙是武汉归元禅寺的支派。山下松柏翠绿,山花烂漫,鸟语花香,景色优美,古树众多,有古杨树、古桂花树、古槐树、古枫树。在英山革命史上,这里是著名的火炉尖战役的战场,1947年谭扶平随刘邓大军来到英山,任中共英山县委书记。1948年国民党纠集大量兵力进攻大别山区,谭扶平率部队突围时,为掩护战友撤退,壮烈牺牲,年仅28岁。

第三节　历史人文资源

一、黑石禅寺

黑石禅寺面积2000～3000m²，有7个殿，供奉黑石大仙。传说一块黑石从天而降，有一间房的大小，现只剩一小块，置于殿内。此寺于1999年复建，并在当地村民和广大信众支持之下不断兴建扩大，年朝拜香客达数万人。

二、玉皇顶

玉皇顶又名玉皇尖，海拔1380多米，登顶可远眺二省七县，为英山龙脉起点。玉皇顶有佛教及道教庙宇多座，呈现出佛道融一山的特殊景观。其中，玉皇庙位于玉皇顶最高点，属道教，最早建于明朝年间，曾有道人常驻，经过了数百年的兴衰沉浮，目前建筑规模达数百平方米，建筑较为残破，仅靠信众捐款维护。玉皇庙每年香火旺盛，香客年接待量约5万人。此外，玉皇顶还有多个供奉其他圣贤的庙宇。

三、南武当山

南武当山地处大别山腹地湖北省英山县境内，俗称"吴家山"。南武当山是中国著名道教文化圣地、武当南宗发源地、中国武当武术最大基地。南武当山历史悠久，传说众多。南武当山所在的大别山主峰为鄂皖之咽喉，江淮之要塞，素称"吴楚东南第一关"，乃江淮文化、吴楚文化、南北文化、道教文化交汇地。武圣宫是武当南宗发源地，由九宫三院构成的道观宫殿，独具皇家园林风格，气势恢宏，已开放景点有武圣宫、灵宫殿、龙虎殿、钟鼓楼、配殿、宗师府、万人太极广场、书画院等。

四、西界岭村古街道

西界岭村位于石头咀镇最北侧，历史上是南上北下的交通要道，战略位置极其重要，也是鄂皖通商的重要关隘，鄂皖古商道即由此翻越大别山实现两省间货物及人员的流通。随着交通的发展，该处的重要性不断下降，古商道历尽沧桑现已难以辨识，仅剩西界岭村的鄂皖省界上留存的一条破败不堪的古街道。这条古街道名为界岭街，又名半边街,在 20 世纪 80 年代被列为湖北省文物保护单位,长 200 多米,周边还留存着亟待保护的石板街道和数栋古民居,这里不仅横跨鄂皖,还是江淮流域的分界线。这条古街道是人们了解社会经济变迁的例证。沿古商道向山下前行千余米,有另一省级文物保护单位——陈氏宗祠。该祠堂古色古香,雕梁画栋极富艺术、文化和历史价值,但保护现状令人堪忧,亟待修缮。此外,沿古商道继续前行,还有一个古山寨遗址,它是呈现山地—人地关系变迁的理想载体。

第四节 旅游资源评价

经实地调查发现,石头咀镇旅游资源丰富,拥有非常好的开发潜力。根据旅游资源分类和空间分布特点对石头咀镇现有资源梳理分析如下。

一、"一红一绿"旅游特色

"一红一绿"是石头咀镇的旅游特色,即红色革命文化资源和自然山水风光相结合,"红色"为山水赋能。石头咀镇是大别山红色革命圣地的重要组成部分,至今仍存留大量革命遗迹,可以开展相关的红色文化旅游,近距离接触红色文化,游客可深入感受那段激荡人心的红色历史,学习先烈们的崇高牺牲精神和爱国主义情怀,进一步坚定他们继承和发扬红色基因的信念,拥有良好的纪念和教育意义。同时镇域内分布大别山主峰、吴家山、五峰山、叶家山等自然旅游资源。"红绿资源"的转换和融合有助于传播社会主义先进文化,塑造美好心灵,弘扬社会正气;还可让游客认识到绿色发展和保护环境的重要性,对提升石头咀镇旅游形象和品位也有较大帮助,并让红色基因在绿水青山之间永续传承。

二、"两水三山"的自然资源

"两水"指荷包湖和张家咀水库,"三山"指吴家山、箩子石以及五峰山。石头咀镇旅游资源主要以"三山"为支撑点,承载了雄奇的山岳景观和底蕴深厚的文化遗迹,各山均有自身特色。游客可以在吴家山观光旅游、领略地质之美、体验道家文化;可以在箩子石赏花观景、探险猎奇;可以在五峰山休闲度假、登高拜佛;可以在张家咀水库探险漂流,该地已建设漂流水道,游客泛舟而下,可领略沿途秀美风光;游客还可以在荷包湖放松身心,未来该地将进一步建成旅游度假村,吸引游客来此度假避暑。

红色旅游

红色旅游的概念是在 2004 年年底时正式提出的。红色旅游是指以 1921 年中国共产党建立以后的革命纪念地、纪念物及其所承载的革命精神为吸引物,组织接待旅游者进行参观游览,实现学习革命精神,接受革命传统教育并以此振奋精神、放松身心、增加阅历的旅游活动。

红色旅游可把红色人文景观和绿色自然景观结合起来,把革命传统教育与促进旅游产业发展结合起来。打造的红色旅游线路和经典景区,既可以观光赏景,也可以了解革命历史,增长革命斗争知识,学习革命斗争精神,培育新的时代精神,并使之成为一种文化。

红色旅游的特点包括如下几项:

第一,思想教育的直接性。这是由红色旅游的本质内涵所决定的。游客通过红色旅游了解革命历史、学习革命知识、领会革命精神,进行爱国主义教育和革命传统教育。这直接服务于当代中国特色社会主义建设事业,通过陶冶情操、净化心灵,提高人们特别是党员干部的思想政治觉悟和道德水准,以及执行党中央各项路线、方针政策的自觉性。第二,内容与形式的时代性。红色旅游具有深刻的历史内涵烙印,直接服务于当代思想政治教育工作和政治文化建设,因此,红色文化内容需要与时俱进,符合当代人民的审美需求,红色旅游活动内容需要符合时代要求,特别是符合当前政策。第三,经济政策的扶持性。红色旅游资源特别是纪念场馆类设施,更多是作为公共服务设施或产品而发挥效能,建设红色旅游设施、发展红色旅游也是政府履行公共服务职能、实行惠民重要的举措。同时,红色旅游的区域特点,决定了发展红色旅游不是一般意义上的促进区域经济发展,而是帮扶革命老区特殊群体发展,带有明显的政治政策性,是国家的一种扶贫行为。第四,旅游资源的整合性。红色旅游资源在地理分布上具有零散性、地域性、时代性、主题性的特点。因此,发展红色旅游应当进行相关的自然和人文的旅游资源整合,实现不同行政区域的旅游合作,延长红色旅游产品链。

三、古朴厚重的历史文化

石头咀镇仍保留有古色古香的古村落、古山寨,拥有很高的观赏价值、文化价值、艺术价值和科学教育价值,如机关寨和鲁家寨等;也有雕梁画栋、古韵十足的省级重点保护建筑——陈氏祠堂;还有历史悠久的西界岭村古街道,这些都为旅游开发提供了宝贵的资源。

四、兼容并蓄的宗教民俗

石头咀镇宗教文化丰富,为道教、佛教及天主教多种宗教文化汇聚之地,三种宗教文化各具特色,相互渗透,相互吸引,各教信教群众长期和谐相处,互相尊重,成为美谈。

第六章 旅游空间重构、整合及完善

第一节　旅游景点空间重构

旅游景点空间重构包含对旅游景点空间的现状评价和重构过程,在一定程度上关系旅游景点空间布局的重新定位,以及对旅游景点数量及布局的重组,是旅游发展和景点开发建设的核心内容。根据石头咀镇的区域经济发展水平和旅游资源状况,对旅游景点进行空间重构,以期实现不同功能和形态结构的景区相互协调,形成规模效应。

石头咀镇旅游资源丰富,但是旅游资源分散,景点间的连接性较差,同时当地缺乏完整的旅游体系。因此,石头咀镇旅游发展缓慢,旅游效益较为低下。将石头咀镇各旅游景点进行空间重构,通过空间整合,建立景点间的相互联系,梳理旅游资源的空间关系,优化旅游线路的设计,提升旅游活动的组织水平。在石头咀镇的旅游名镇建设中按照"一轴两环三片区"的空间格局进行系统开发(图6-1)。

一、一轴

"一轴"是指西河旅游发展主轴线,以石头咀镇镇域为中心,北至隘口河村,南至付家山村。轴线贯穿镇区的河道风景带、黑石禅寺、游客集散中心及英山县烈士陵园,往北穿过周家畈村和饼子铺村两处美丽乡村示范点至张家咀水库风景区,往南延伸到红二十五军军部旧址等红色革命文化遗迹。沿途有连片的天然桐花林和漫山遍野的杜鹃花;栗树咀村的古树群落和古山寨,拥有数百年历史的丹桂和珍贵的千年紫薇树;具有历史气息的隘口河村古商道和祠堂。此外,轴线上还有大面积的桂花、果桑和药材基地,大片的栀子花林,富有特色的农家乐以及丰富多样的各类茶文化活动供游客体验。

这条轴线作为贯穿全镇的旅游观光轴,以南北走向的空间格局连通各旅游景点,可突出石头咀镇的景观特色。

二、两环

"两环"包括"生态绿环"和"文化红环",生态绿环指整合镇域北部山体、森林、河谷、溪流等自然资源和佛教、道教等宗教文化资源形成以生态为特色的旅游景点分布环。

第六章　旅游空间重构、整合及完善

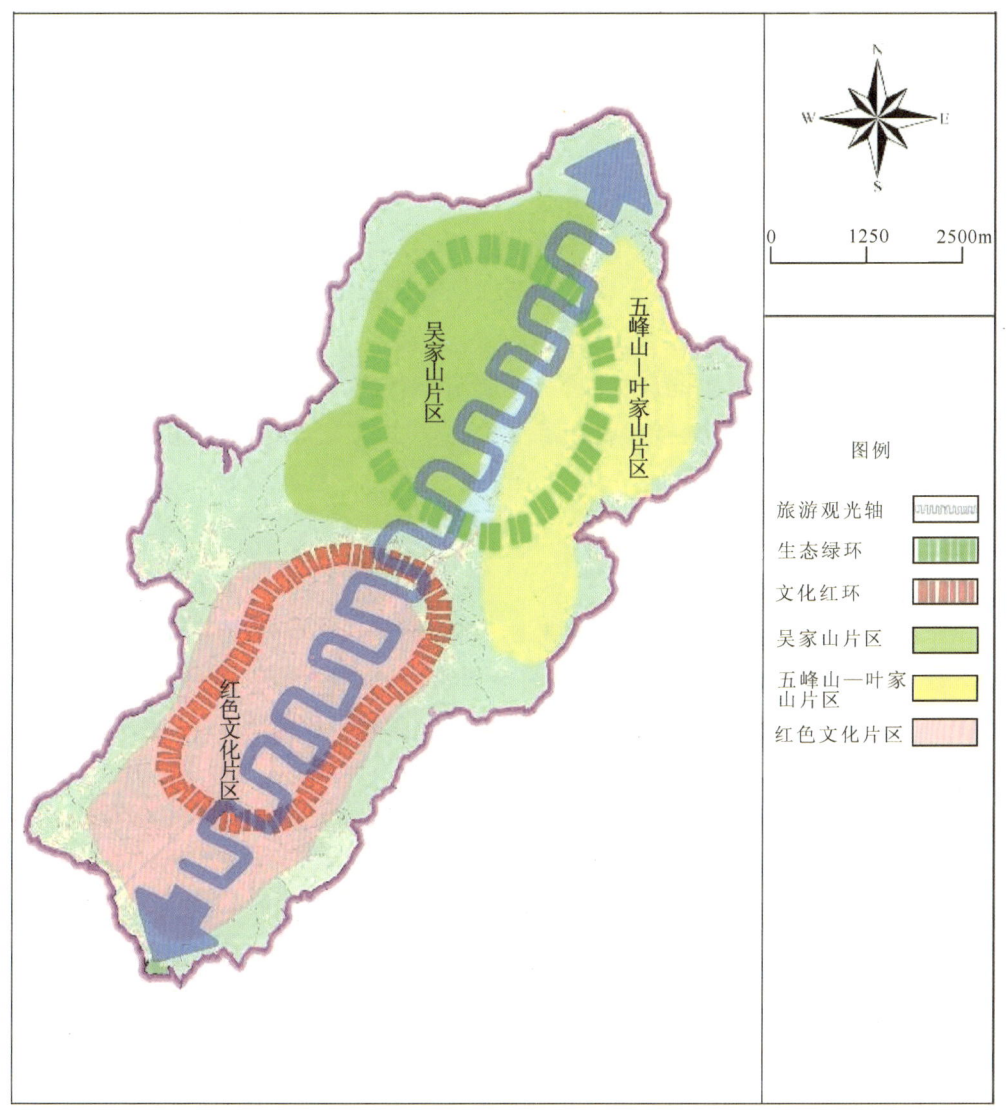

图 6-1　石头咀镇旅游景点空间重构图

生态绿环由吴家山区域的湖北省黄冈大别山国家地质公园、大别山主峰景区、吴家山国家森林公园、大别山国家级自然保护区、栗树咀村古树群落、张家咀水库等，以及五峰山—叶家山区域的五峰山、玉皇顶、箩子石等景点组合形成。吴家山区域的景观资源以山岳地貌、原始森林、河谷景观为主要特色，集宗教文化、民俗风情、历史人文景观于一体。其中，大别山主峰作为淮河与长江的分水岭，地貌奇特，山体巍峨壮观；武圣宫是我国著名的道教文化圣地；张家咀水库自然生态环境保护完好，是休闲养生的绝佳去处。五峰山—叶家山区域以森林云海、珍稀草药、野生花卉为特色，景色秀丽，森林发育度高，树种丰富，途经这条环线可欣赏漫山遍野的桐花和七彩杜鹃，极具观赏价值。

文化红环是指整合镇域南部革命老区、历史遗迹等红色旅游资源和水库湖泊等文化休闲资源构成以红色文化为特色的旅游景点分布环。

文化红环主要由红二十五军军部旧址、饼子铺村烈士陵园、抗日抗战遗迹点，以及黑石禅寺、荷包湖等景点组合形成。镇域南部红色文化资源以历史遗存多、革命遗迹完整为特色，集民族精神与社会主义先进文化于一体。

南部红色文化旅游环与北部绿色生态旅游环相呼应，形成"南红北绿"的空间格局特色。两环通过一轴串联，连通镇域内大部分旅游景点，形成整体布局、统一开发、协调发展的旅游名镇。

三、三片区

"三片区"指镇域吴家山片区、五峰山—叶家山片区和红色文化片区。

吴家山片区的旅游资源包括大别山国家地质公园、吴家山国家森林公园、大别山国家级自然保护区等，形成了集森林观光、地质科普、道教文化传播、人文景观旅游于一体的优势旅游发展区域。

五峰山—叶家山片区的旅游资源还处于相对原始的待开发状态，山上种植大量的农产品及中药材，杜鹃花和樱花漫山遍野，森林山石奇秀壮观，玉皇顶佛教文化深厚。该片区应发展为集农艺景观、佛教文化、林木资源为一体的旅游发展区域。

红色文化片区的旅游资源主要包括红二十五军军部旧址、饼子铺村烈士陵园等红色文化遗迹，同时可大力挖掘本地的人物事迹以及其他抗日抗战遗迹，将南部区域建设成为以革命文化和爱国主义教育为特色的红色旅游发展区域。

按"一轴两环三片区"的模式对石头咀镇旅游资源进行空间整合，突出石头咀镇的旅游特色，形成合力，树立品牌；避免各自为政，盲目发展。同时，各景区相互连通，有利于加强资源保护，建设配套设施，优化旅游方式，挖掘文化内涵，完善旅游管理，实现资源利用最大化，避免资源浪费。

第二节　旅游活动空间整合

一、整合原则

1. 注重旅游活动的协调性

旅游活动必须注重与经济发展、资源环境保护以及其他产业的协调，必须强调整体效益，关注生态环境，注重社会公益，全面协调和处理好经济效益、社会效益与环境效益的复杂关系，使旅游业得以全面发展。旅游活动开发既要注重经济效益，又要保证旅游区居民及旅游者的生活秩序的安定与和谐，更要保护好旅游区域的生态环境。

2. 注重旅游活动的特色性

当旅游活动与区域的旅游景点具有很大的相关性时，景区发展就会产生良好的协同效应，只有开发与景点相符合的旅游活动才能使得旅游活动富有当地特色，只有旅游活动体现出独特性和稀缺性才能产生竞争优势。旅游活动要新颖，互动性强，要从游客的角度思考活动项目，让游客置身其中，得到全方位的美的享受与精神的愉悦。

3. 把握旅游活动空间整合的有效性

旅游活动的整合不是一蹴而就的过程，只有围绕着旅游的主题以旅游者的需求为导向不断地进行产品创新，增加新的活动项目，改进旧的活动项目，最终才能达到可持续发展的目的。整合并不仅仅是所有的旅游活动的整合，而是要按照整合的目的筛选整合的对象，有些旅游活动具有文化优势但是并不具有开发的市场价值，而有些旅游活动缺乏文化优势但具有开发价值。旅游活动开发的空间整合是与当地旅游主题相融合，对活动的传统性、文化性、综合性、动态性的特点进行灵活地整合。

目前，石头咀镇旅游活动项目单一，空间整合较差，有必要对其旅游活动进行调整和完善。

二、开发思路

1.打通旅游环线

以"一轴两环三片区"景点空间格局为基础,打通旅游环线,着重建设旅游环线中的道路交通和基础设施,完善旅游环线周边的服务设施。

2.形成机制,统一管理

改变各景区组织混乱、管理不善的现状,统筹各景区及旅游活动设施的开发和建设,形成有序的统一管理机制。加强旅游活动和其他旅游产业的联系,通过旅游活动带动周围区域增收,加强与周围地区如罗田、金寨的合作,与周边地区旅游资源和线路相融合,形成游客互流,提升区域旅游形象,建设资源共享、市场互动、合作共赢的休闲度假旅游区。

3.招商引资,加大开发力度

虽然石头咀镇的旅游景区生态环境优越,留存着大量几乎未经过任何开发的旅游资源,但旅游服务基本设施并不完善,导致景区知名度较低、游客量较少。建议招商引资,在保护自然生态环境完好的情况下适度开发,以建立功能完善的旅游景区。

三、功能布局和旅游项目

石头咀镇旅游活动空间整合方案如下整合情况如图6-2。

1.镇区景观片

区域范围:石头咀镇镇区。

功能定位:该片区主要为游客提供餐饮住宿、信息咨询、交通换乘、购物休憩、景区介绍、泊车等基础服务,为旅客提供购物、娱乐休闲等旅游服务,重塑镇区景观,满足游客旅游消费需求。

项目策划:

(1)以现有镇区基础设施为依托,集中建设游客服务中心及配套设施。

(2)配合景区主题,建设标志性建筑,树立鲜明的形象。

(3)结合石头咀镇特色,大力建设镇区景观,如在西河两岸设立评弹茶座,宣传石头

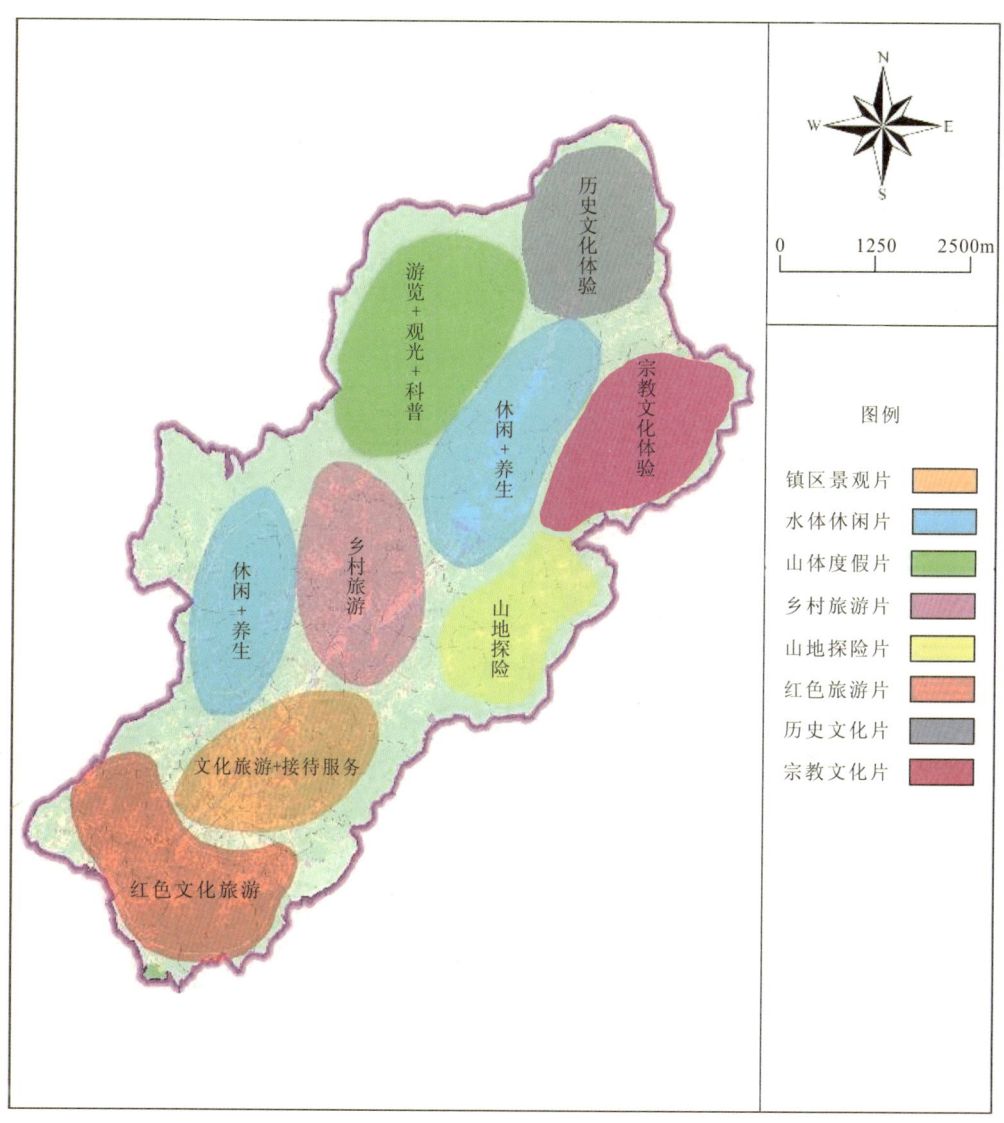

图 6-2 石头咀镇旅游活动空间整合图

咀镇的茶文化;建设地质博物馆,向游客普及地质知识;设置中药材展示厅,推广我国博大精深的中医药文化,达到在旅游中寓教于乐的目的。

2. 水体休闲片

区域范围:荷包湖与张家咀水库。

功能定位:荷包湖、张家咀水库在改善区域、城市生态环境的同时,进一步发挥湖泊和水利风景的潜力,高效带动景区的文化、旅游、娱乐资源,可为游客提供休闲娱乐活动、户外生态旅游活动等,为游客营造良好的滨水生态休闲环境。

项目策划:

根据湖泊和水库特点,设置功能主题区,以生态水体为载体,形成集生态旅游、观光旅游、户外休闲活动项目于一体的滨水旅游区。如可开发垂钓区以及沙滩休闲区,供游客垂钓、戏水、泛舟等,还可以在沙滩享受日光浴、品尝当地鲜美河鲜。

3. 山体度假片、历史文化片

区域范围:吴家山片区。

功能定位:该片区不仅有奇特的地质地貌,而且存在许多历史文化遗迹,极具观赏性和科普性,是游客游览的胜地和避暑的乐园。

项目策划:

(1)吴家山国家森林公园。游客可以先乘坐缆车游览景区内的秀美风光,下了缆车后,顺阶而下,参观著名的龙潭峡谷,高达百米的排天瀑、陡峭威严的龙门峡、仙气充盈的龙宫洞、千年古藤园等特色风光定会让游客流连忘返,如痴如醉。当游客感到疲劳时可以在河谷边的景区服务站稍作休息。出了河谷游客可直登南武当,在山顶的武圣宫许愿烧香,体验道家文化。春季游客可以去大河冲村赏樱;秋季游客可穿梭于火红的枫林,看红叶片片摇曳;还可采摘果实,购买当地特产等。该区集各类景观于一体,融古朴、奇险、秀丽于一身,还可以开展科考、探险和研学参观等活动。

(2)大别山主峰。大别山主峰原始森林覆盖率高,林内环境优美,空气洁净,负氧离子含量高,适合旅游度假,放松身心。景区内可建设森林跑道、静养场及森林浴场。游客在攀登大别山主峰时,与大自然亲密接触,愉悦身心。登顶主峰时游客可一览众山小,领略大别山的整体风貌,观赏山顶的天堂湖,可体验溜索、丛林穿越等户外运动项目。

4. 乡村旅游片

区域范围:周家畈村-饼子铺村-栗树咀村-隘口河村。

功能定位:制订美丽乡村——古村落旅游路线,该线路主要为游客提供农业旅游活动,让游客从事农耕、采摘、垂钓、饲养等活动,享受回归自然的乐趣。同时让游客领略古村落、老街巷、古建筑的历史气息、岁月之痕及其文化底蕴。

> **森林氧吧**
>
> 　　森林氧吧是以森林、清泉、山石、溪涧、瀑布为基点,以高含量的对人体健康极为有益的森林空气负氧离子和植物精气等生态因子为特色,辅以各类简约、朴素且与环境格调相一致的游憩设施。
>
> 　　森林氧吧的开发建设追求"原汁原味、返璞归真"的理念,将运动健身、休闲旅游与自然山水巧妙融合,强调人与自然的和谐和对生态环境、旅游资源的保护。
>
> 　　森林氧吧游实质上是一种融自然生态与保健养生为一体的新型生态游方式。

项目策划:

(1)周家畈村—饼子铺村。该片区主要以周家畈村和饼子铺村为重点,作为美丽乡村建设的典范和绿化基地,游客可以在此体验农耕生活的艰辛与快乐,如参观蔬菜、瓜果基地,采摘果品蔬菜和茶叶,品尝亲自采摘的农产品,体验采茶的乐趣。游客还可在不同季节感受当地栀子花和桂花馥郁的芬芳,品尝当地特色农家饭,以及体验惊险刺激的漂流等。

(2)栗树咀村。该村可建设生态步道与观景点,游客可沿着步道参观当地著名的古树,在古树边许愿,观赏壮观的瀑布,还可在河边垂钓、开展户外露营活动等。

(3)隘口河村。隘口河村保留有上百年的老建筑和古商道,应对其加以修缮保护,创建民俗文化村。游客可沿着古色古香的老街观赏建筑,感受历史的韵味。

5. 山地探险片

区域范围：五峰山林场—叶家山篓子石。

功能定位：该片区主要为满足游客探险猎奇而设置，活动项目惊险刺激。

项目策划：

(1)五峰山林场。在崖壁设置丛林探险、野外攀岩、溯溪等线路，组织探险寻宝活动，带领游客探访奇妙无穷的植物世界，观察动物的生活习性等，游客还可体验山中滑草等项目。

(2)篓子石。在篓子石规划建设野外求生项目，主要活动有露营、野外定向、户外生存和穿越峡谷等，也可开发真人野战CS活动项目。

6. 红色旅游片

区域范围：镇区南部红色革命遗迹区。

功能定位：该片区以革命遗迹为载体，以其所记载的革命历史、历史事迹和革命精神为内涵，组织接待旅游者开展缅怀学习。

项目策划：

建设革命博物馆，带领游客重温大别山战役，参观烈士陵园，开展祭扫烈士墓、研学讲座等活动。

7. 宗教文化片

区域范围：玉皇顶。

功能定位：该片区主要为满足游客宗教文化探寻目的而设置，活动项目包含多样包容的民间宗教文化体验。

项目策划：

游客可登上玉皇顶参观并体验多样的宗教文化，感受道教和佛教文化的融合共生。

第三节　服务体系空间完善

一、旅游服务设施规划

1. 规划原则

旅游服务设施规划以不破坏景观环境、文物古迹和生态环境为前提；本着方便游客、有利服务、便于管理、统一布局、系统发展的原则，提升旅游景区的可持续发展和竞争力。旅游服务设施的安排应与规划建设用地要求相结合，不占用耕地和其他绿色空间用地。

2. 旅游服务设施整合

重点完善吴家山、石头咀镇镇区及五峰山的旅游服务设施（图6-3）。打通三区交通及旅游路线，形成旅游回路。加大服务设施建设力度，如垃圾收集站、雨污排水管，创造优美环境，还可加强户外广告、灯光亮化工程的建设。同时在各旅游体验区设置医疗站点，为游客旅游安全提供保障。

3. 旅游服务设施分级

一级：镇域旅游服务中心

在镇域旅游服务中心设立必要的中高档服务设施，如餐饮、娱乐、住宿、购物、停车场等，在满足游客常规的行、游、吃、住、购、娱等方面的要求后，服务中心应体现出"休闲度假，绿色空间"的特色。

二级：景区旅游服务中心

景区旅游服务中心应配备住宿、露营、餐饮、娱乐及购物设施，满足游客的基本需求。

目前，吴家山的旅游服务和接待设施均处于无序发展的状态，需要重新规划调整，在控制游客规模的情况下，提升接待水平，将部分农家乐形式的旅游服务设施转移至山下，尽量减少对生态环境的人为干扰。

三级：景区旅游服务点

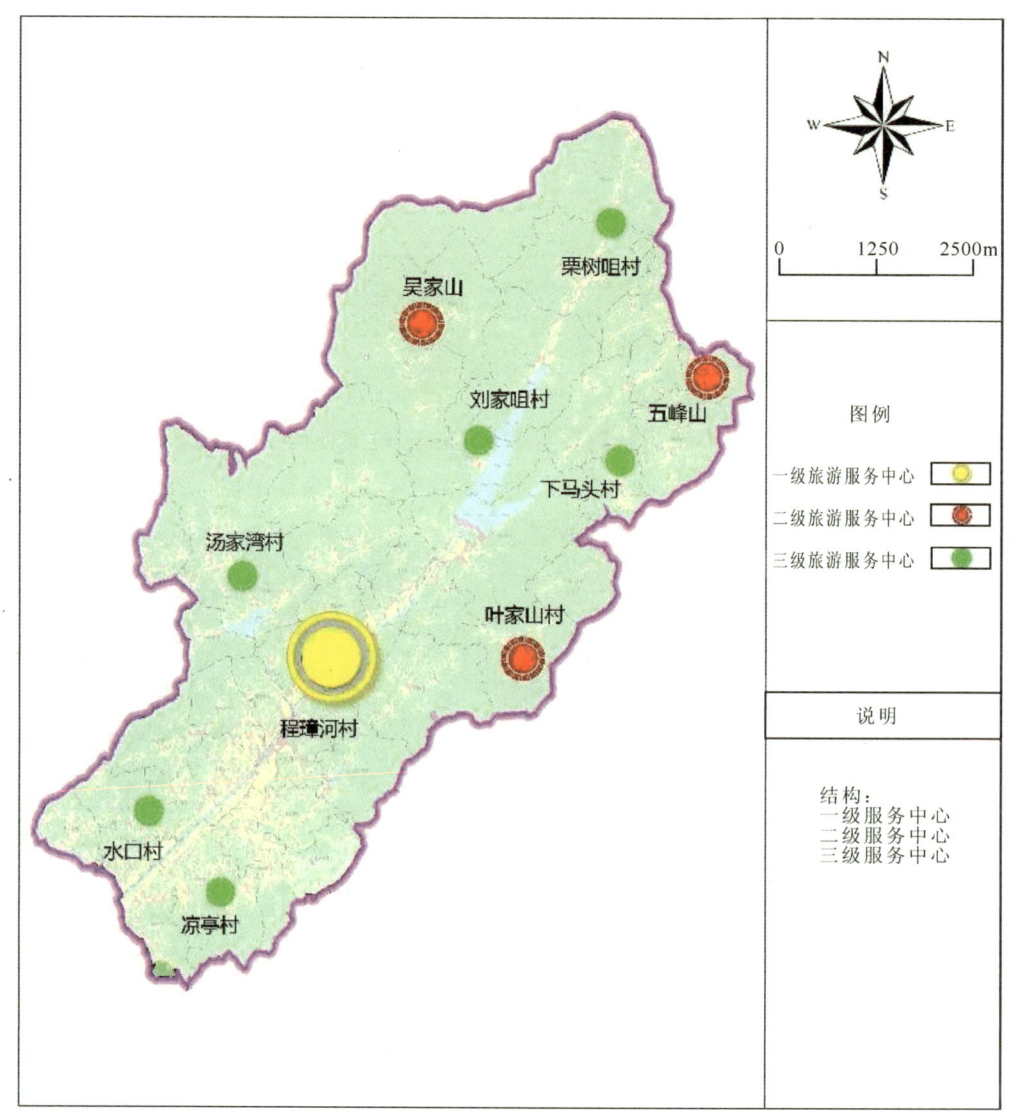

图 6-3 石头咀镇旅游服务体系空间布局图

在保证景区生态环境不受影响的情况下,在各景区内部旅游线路上有序规划并设置有特色的旅游服务点,为游客提供咨询服务以及纪念品、饮品销售服务等。

4. 旅游住宿接待及餐饮服务规划

根据旅游客源市场预测,近期游客行程主要以半日游或一日游为主。中、远期根据景区建设及市场需求的加大应逐步建设和完善住宿设施。

住宿接待设施规划主要分两部分。

(1)常规性住宿设施:根据客流量情况在镇区及旅游服务中心等人流量大、交通便利的地方建立中、高档旅馆及星级酒店,为游客提供高品质住宿体验。

(2)高端休闲度假村:在张家咀水库和荷包湖周围建设生态型高端休闲度假村,度假村配备完善的设施,如高标准客房、餐厅、会议室、娱乐设施等满足游客的休闲度假需求。

5.旅游文化娱乐规划

根据旅游区旅游团队和旅游散客对娱乐的不同要求,设计不同的旅游文化娱乐产品,突出地域特色和地域风情,开发各具特色的旅游文化娱乐场所和设施。

(1)开展富有地方特色的文化娱乐活动,如五峰山、黑石禅寺会定期举行庙会、游园等大众喜闻乐见、参与性较强的活动。

(2)引进能突显地方特色的文化娱乐活动,如在南武当定期举行太极拳比赛、舞术表演等活动。

6.旅游商品规划

特色旅游商品是指具有显著区别与其他商品的风格和形式,具有明显地域特色的商品。具有地方特色浓厚、能创造较好旅游经济效益、携带方便、实用性强等特点。

(1)在石头咀镇建立旅游特色商品购物一条街。

(2)制作旅游纪念品,主要以各景区的自然风光和文化古迹为题材,充分利用本地或异地特有的原材料制作的带有纪念意义的工艺品,如宣传画册、风光明信片、书签等。

(3)开发旅游风味餐饮,如纯天然绿色食品等。

(4)开发农副土特产品、山区水果、药材等,如具有当地特色的猕猴桃、天麻、石斛、灵芝、葛根、茯苓等。

二、旅游交通规划

石头咀镇交通规划如图6-4所示。

1.规划原则

(1)以现有路网为基础,做好景区旅游道路网的建设,保证景区与石头咀镇、英山县及黄冈市之间有快速、畅通、舒适、安全的交通联系。

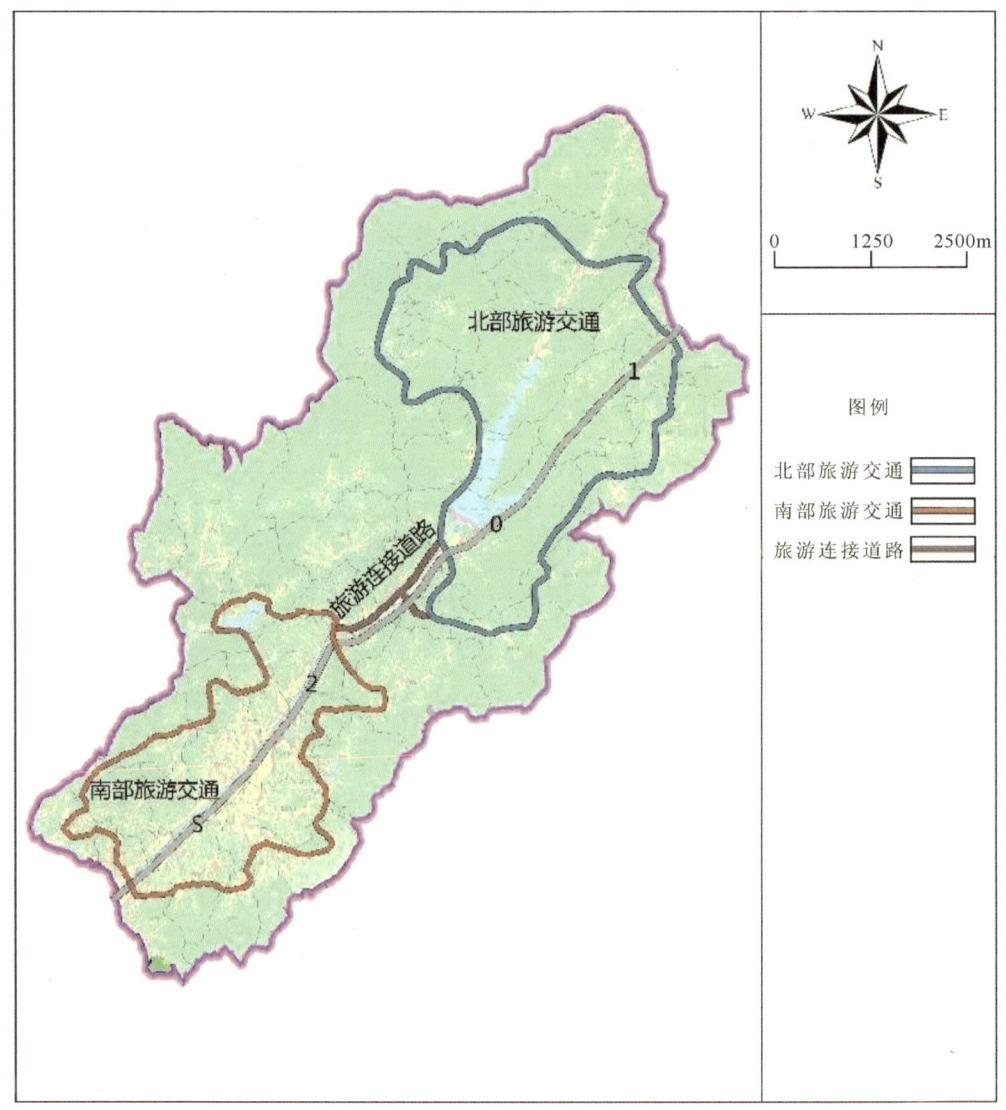

图 6-4　石头咀镇旅游交通规划图

（2）旅游交通规划分对外、对内两类。对外交通设置于景区之外或景区边缘，尽量将旅游交通与公路过境交通分流，避免过境车辆对景区的干扰；对内交通尽量做到将旅游交通和生活交通分流，避免相互干扰，保证交通便利。

（3）根据适度性、超前性、经济性、协同性原则，着力加强景区内的道路、停车场、车站及交通管理建设，提高管理水平，以满足景区发展的新需求，实现景区发展目标。

2.现状评价

(1)对外交通。S201省道纵穿石头咀镇南北,连接黄冈市与相邻的大冶市,直至安徽霍山县。

(2)内部交通。石头咀镇内部交通较为混乱,除S201省道外,其他道路路面比较破旧,难以承载大量运输。同时,镇区交通缺乏系统性管理,不能完全覆盖整个镇域。

3.改进措施

(1)在客运站和游客集散中心设游客候车区并开通多条直达景区的线路供游客换乘,方便游客出行。

(2)基于"生态绿环"和"文化红环"等旅游线路,建设旅游交通环线。力争为游客提供一站式、一票式便捷出行的服务系统。

(3)景区内游步道规划应突出生态和文化理念。使之成为联系自然景观和人文景观的纽带。游步道的建设要体现以人行为主,保障游客的安全。游步道的构建要减少对自然和历史文化资源的破坏,降低损耗。

(4)停车场。客运站和主要景区入口处均须设置有足够车位的环保型停车场,以供大巴、私家车、微型车及自行车的停放。

(5)交通指示牌。在旅游景区外一定范围内设置旅游景区方向距离标志,在旅游景区内设置景点方向标志等,旅游景区入口处设置停车场指引标志。

三、环境保护规划

1.环境保护规划原则

石头咀镇应坚持"严格保护,统一管理,适度发展,永续利用"的环境保护规划原则,协调好开发利用与合理保护的关系,达到社会效益和经济效益的有机统一。

2.保护现状

石头咀镇镇区许多未开发的景区,受居民活动影响,生态环境遭受到一定破坏,在旅游名镇的建设过程中,环境问题亟待解决。

3. 改进措施

1)分级保护措施

根据资源条件及石头咀镇特点,将其划分为三级。

(1)一级保护区。本区为石头咀镇规划风景区的核心景区,应对其加以完整的保护,区内不得任意采石、开荒、放牧、伐林、建坟等。不准建设与资源保护和旅游活动无关的建筑和设施,对已确定的旅游服务设施和生活管理项目,必须遵循不破坏景观、不破坏绿化、不妨碍游览、不污染环境的原则,且必须经过风景管理机构批准才能实施。

(2)二级保护区。本区为石头咀镇规划风景区的规划范围,区内禁止建设有污染和噪声的生产项目,严格限制开发与风景区无关的项目,在此范围内不得任意采石、开荒、放牧、伐林、建坟等,保护良好的生态环境。

(3)三级保护区。本区为石头咀镇规划风景区的外围保护带,即 1km 范围区域内,区内不得建设有污染的生产项目,严禁开山采石、埋坟建墓。保护区内村落应加强规划建设,重视环境卫生条件,形成一个环境优美、设施完善的旅游服务地带。

2)分类保护措施

(1)自然景观保护。景区应严格保护原有地貌和空间环境的自然风貌。禁止随意开山采石、砍林伐木等。加强保护山体、石壁、山林绿化,以防水土流失,破坏生态环境。

对景区内的古树名木进行调查、登记并挂牌,实行专项管理。

(2)水体保护。水体是人类赖以生存、发展的重要资源之一,保护水体至关重要。要加强水体保护法律法规宣传,建立起周期性水质检测制度。要加强对环境污染排放的监督,并对发现的违法行为进行惩戒。

(3)文物保护。石头咀镇的文物古迹众多,应对风景区内的古建筑、古桥梁与古寺古庙等文物进行调查建档,按文物的级别、保护范围及要求进行保护、修复与利用。

四、旅游安全措施规划

（1）景区内应配备急救站等，并配备必需的医疗救助设施，可以对游客进行初步急救和处理。

（2）应针对车辆、应急场所、票务、网络系统等分别制定突发事件应急预案，包括报告程序、应急指挥、应急设备的储备及处置措施。

（3）配备性能可靠，并处于有效期内的灭火器材。

（4）设置安全通道，确保通畅。

（5）旅游营运车辆出车前应进行安全例检，并做好记录，确保车辆安全运营。

（6）利用宣传展板、电子显示屏、旅游手册等宣传旅游常识和安全注意事项。

第七章 旅游产业组织与协调

第一节　旅游产业

旅游产业是凭借旅游资源和设施，专门或主要从事招待、接待游客，为其提供交通、游览、住宿、餐饮、购物、文娱等多个环节的综合性行业。

传统意义上的旅游产业要素就是人们经常提到的"食、住、行、游、购、娱"，如今的旅游产业要素在不断扩展——"食、住、行、游、购、娱、体、会（会议）、养（养生）、媒（媒体广告）、组（组织）、配（配套）"，它们相互交织组合，形成了9个类别的行业：游憩行业、接待行业、交通行业、商业、建筑行业、生产制造业、营销行业、金融业、旅游智业，构成了一个环环相扣、紧密结合的旅游产业链。

一、旅游产业组织

产业组织是指同一产业内企业间的组织或者市场关系。旅游产业组织是指各类旅游企业、组织和机构的联合体，包括协会、行业组织、旅游局和旅游企业集团。旅游产业组织通过协调、推广和管理手段，促进旅游业的发展，提高旅游业的整体素质及水平。

旅游产业组织的目标一是促进旅游业的发展，旅游产业组织通过各种市场的活动、推广和宣传手段，促进旅游事业的发展。二是为旅游提供支持和服务，旅游产业组织通过信息分享、业务培训、资源共享等方式、业旅游提供支持和服务。

旅游产业作为一种重要的经济活动，对于促进地方经济发展和提高居民生活水平具有重要意义。然而单一的旅游产业往往无法发挥其最大效益，需要与其他相关产业协作发展，以期获得更大的社会效益和经济效益。

二、旅游产业协作发展

产业协作的实现需要一定的路径和手段。首先，基础设施建设是实现旅游产业协作的基础。优质的交通、通信和能源等基础设施能够提高旅游产品的供给能力，缩短旅游产品的交通时间，提高客户满意度，促进产业发展。其次，信息共享和合作是产业协作的重要方式。各产业间应加强信息交流，共享市场情报和资源，建立合作机制。形成合力。

石头咀镇拥有各类极具特色的旅游资源，如山水景观资源，宗教、红色文化资源。各景区旅游产业的发展也都有自己的特色,可以协同发展,并制定相应的行业标准,规范经营,标准管理,从而使分散于镇域范围内的不同旅游资源互为补充,旅游产业协调发展,使游客获得良好的旅游体验,进一步推动石头咀镇旅游产业的发展。

第二节　旅游产业与第一产业协作发展

一、旅游产业与农业

石头咀镇的农业发达,农业生产是该镇的基础产业,主要作物包括水稻、茶树、药材、板栗等。

石头咀镇可建立农业基地,发展观光农业。石头咀镇南部周家畈村与张家咀村种植了大量桂花、果桑、茶叶、药材,可利用现有的资源打造桂花基地、果桑基地、药材基地、茶业基地等,鼓励游客亲身参与果桑、茶叶的采摘(图7-1),药材的采集,同时,普及桂花、果桑、茶叶,以及药材的种植知识、营养价值、药用价值等,寓教于乐,满足游客回归大自然的愿望的同时还可将桂花、果桑、茶叶和药材等加工成旅游产品,售卖给游客,将资源优势转化为经济优势。

图7-1　茶园采摘

大力发展农家乐,增加农民收入。镇区是旅游集散地,游客通过镇区前往各个景点,加大镇区农家乐的建设力度,引导农民大力开办"住农家屋、吃农家菜、干农家活、赏农家景、结农家情"模式的农家乐。加强对农家乐的监督和管理,提高农家乐的服务水平,使农家乐发展形成体系,进行区域内农家乐整合,发展农家乐品牌。同时,加大农家文化的宣传,把石头咀镇建设成集景区观光、农耕休闲、家庭度假、民俗美食等于一体的"农游合一"的乡村旅游示范点。

推动中药材深加工技术的创新,开发绿色有机农产品。石头咀镇出产茯苓、桔梗、柴胡、杜仲、天麻、厚朴、黄柏、槐米等200多种中药材,其中年均产茯苓加工品4000t左右、桔梗500t、杜仲200t、苍术100t、香附子100t等,以中药材资源为核心,完善对加工销售公司的管理,加大对英山县中药材企业的扶持力度,增加科研投入,促进合作发展,延长产业链,增加产品附加值。引进新品种,开发新产品,可以充分利用当地的优越环境,种植绿色食品花卉,中华人民共和国农业部发布的标准《绿色食品 食用花卉》(NY/T 1506—2007)中列举的食用花卉包括:茉莉花、桂花、玫瑰花、栀子花、白兰花、荷花、山茶花、菊花、金雀花、苦刺花、丁香花、梨花、桃花、百合花、芙蓉花、海棠花、月季花等。此类花卉不仅可食用还同时具有观赏价值,这也是植物价值朝复合型、多领域发展的方向。石头咀镇可种植玫瑰花,不仅可以吸引游客观赏,还可以生产玫瑰精油,打造特色旅游产品,创造良好的经济效益。

> **玫瑰**
>
> 玫瑰,原产中国,属蔷薇科,落叶灌木。茎上密生毛刺和倒刺,叶是由5~9片小叶组成的复叶。它适应性强,耐寒耐旱,喜光照、爱通风、忌阴湿、怕积水。4~6月陆续开花,有紫、红、白等色。干花可以制药、做玫瑰酥糖、玫瑰月饼等,也可以用玫瑰花瓣熏制"玫瑰红茶",酿玫瑰酒。玫瑰还可以提炼玫瑰精油,具有很好的美容护肤作用,是适宜女性保健的芳香精油。

二、旅游产业与林业

林区高山深谷、群峰竞秀、林木繁荫、野芳幽香、空气清新、环境幽静，可为游客打造集旅游观光、避暑度假、避暑森林生态游、森林体育游、森林养生游、"森林人家"体验游等各类旅游产品。如在大别山国家地质公园、吴家山国家森林公园、大别山国家级自然保护区(图7-2、图7-3)内开发集露营、休憩、度假于一体的户外休闲场所，设立森林负离子呼吸专区，融入一定的养生保健理念，帮助更多游客获得身心的放松。游客还可以住帐篷、睡吊床、享受林间野餐等，充分体验与大自然零距离接触的同时还能了解野外生存的基本技能。丛林茂密、沟谷纵横，可根据游客的兴趣爱好和需求，开发森林探险旅游活动及不同类型的探险产品。可在五峰山开发自行车道，定期举行山地自行车骑行比赛，并将其打造为景区的特色活动。森林景色秀美，生物资源丰富，可开展科学考察、观光型旅游、研学旅行等活动，如在吴家山、五峰山、篓子石等地建立科学考察基地，对景区生物资源进行调查、采集标本、普及科学知识，吸引大、中、小学校师生来此开展研学旅行。还可在林区开发以观鸟、赏花为主的观赏型旅游活动。

图 7-2　大别山风光(一)

图 7-3　大别山风光(二)

三、旅游产业与养殖业

建立生态养殖观光基地，发展休闲观光养殖业，主打生态养殖品牌。完善石头咀镇生态养殖体系，建成以河畈地区为主要载体的生猪生产基地、家畜生产基地；以丘陵地区为主要载体的山羊、耕牛生产基地；以库区村为主要载体的水产品基地，加大基地基础服务设施建设力度，建立集观光、休闲、体验、餐饮、旅游为一体的生态养殖休闲观光园，实现养殖业与旅游产业的衔接。

第三节　旅游产业与第二产业协作发展

避免污染类企业入驻石头咀镇，控制企业规模。保留现有的农副产品加工等对环境污染小的轻工业，提高第二产业准入门槛，建立严格的企业评估制度，对不符合可持续发展观念的污染型企业进行严格的筛选与剔除。鼓励投资少、建设周期短、生产建设专业化的中小企业发展,控制企业发展规模。减少工业发展对环境的破坏,保护当地的原生态环境,为推动脱贫致富,促进石头咀镇跨区域旅游合作发展创造良好的基础。

改善工业生产环境,依托现有资源发展中药材加工体验旅游。改善北京同仁堂湖北中药材有限公司的环境,以公司主厂区为依托,充分利用已有资源,加大环境绿化、污水处理、道路交通及相关旅游配套设施的改造力度,将其建设成中药材工业观光示范点,让游客进入公司,参观工业园区,亲自参与加工环节,了解中药材制造过程,实地开设科普知识课堂,普及中药材相关知识。

第四节 旅游产业与第三产业协作发展

一、旅游产业与交通运输业

充分利用当前已有的交通网络,协调游客与本地居民对交通的需求,避免游客与本地居民相互干扰,逐步开设饼子铺村—张家咀水库—吴家山风景区、张家咀水库—竹林湾、吴家山风景区—大河冲村 3 条旅游线路,实现旅游线路与居民日常生活道路的分离。

合理控制进入景区的私家车数量,并做好引导工作,打通镇区到西北部吴家山、东北部五峰山、南部乡村 3 条公共交通线路,在镇区设立停车场,鼓励游客使用公共交通工具,建立从镇区到各景区完善的绿色旅游交通体系。

打通石头咀镇北部到安徽的交通路线。在北部大别山区,修建盘山公路,将安徽与石头咀镇联系起来,加强两地联系,实现优势互补,共同发展。

二、旅游产业与酒店业

大力发展农家客栈,在南部饼子铺村和周家畈村修建农家客栈,形成具有特色的旅游农家客栈一条街,为游客提供优质、生态的住宿服务,同时也将农家客栈一条街作为观光景点,进行开发建设。

注重经济型酒店的建设,为游客提供实惠的住宿服务。在镇区周边乡村加大经济型酒店的建设,提高酒店服务水平,完善酒店硬件设施,以此增加游客量,扩大消费人群,延长游客停留时间,拉动经济。

开发星级酒店,满足游客住宿的需求。在大别山、五峰山、篓子石、美丽乡村等景区游客中心附近开发修建星级酒店,完善基础设施建设,提升酒店服务质量。

修建度假别墅,为游客提供高端的住宿服务。在大别山、五峰山、篓子石依托良好的绿色生态环境,适度修建度假别墅,吸引游客来此休闲度假、商务会谈等,亲近大自然。

三、旅游产业与餐饮业

依托本地特色农产品,大力发展农家乐。以野生食用菌、板栗、茶叶、可食用鲜花、中药材等(图7-4)作为本地餐饮独特优势,深入挖掘食材文化内涵,提炼本地餐饮文化精髓,突出地域优势资源特色,有利于推动当地绿色餐饮发展。

完善餐饮业管理制度,建立统一的餐饮业管理机构。政府制定相应的景区餐饮业管理制度,建立专门的机构对其进行监督管理。同时景区内部也要设立专门的监督机构,为游客提供安全、放心的服务。

图7-4 特色农产品

四、旅游产业与商业

依托景区不同的旅游资源,发展特色小商品经济,如打响本地特产"蔡平麻花""石头咀镇千张"、高山有机茶和高山野菜等特色产品的品牌。在景区建立售卖点,扩大宣传,吸引游客,增强游客购买欲,增加当地收入,将其作为石头咀镇的旅游宣传品推向市场。

第八章 区域旅游合作与共生

第一节　区域旅游合作必要性

一、有助于实现旅游业的规模效应

旅游资源在空间上的分布往往不够均衡,为了促使有限的旅游资源产生最大化的效益,可将其整合在一起进行合作开发,使各景区整合并扩大,增强市场吸引力,促使游客量增加、产业规模进一步扩大,从而提升整个旅游行业的效益。规模化之后的区域旅游业在市场上将具有更强的竞争力,经济效益也将更好。

二、有助于提升区域整体旅游形象

各景区在宣传过程中仅着力于本区域的推广和营销,合作意识不足。国内部分区域整合景区竞争力,凝聚全域旅游合力,在对外宣传过程中注重整体形象,提升宣传效果及全域的知名度。各景区在今后的发展过程中应逐步联合,尤其在对外宣传上可协同合作,共同营销与推广,打出区域联合的品牌,提升整个旅游区的形象。

三、避免破坏性开发,形成可持续循环

部分景区缺乏科学规划,不合理地开发利用文化旅游资源,过分强调经济效益,对有限且脆弱的资源造成无法弥补的重大破坏。在旅游资源开发过程中特别是共有资源,应在协调一致的情况下进行科学合理的开发与发展,促进旅游产业的可持续发展。

四、形成良性合作互利共赢,避免恶性竞争,提升区域竞争力

区域间存在旅游产业同质化现象,恶性竞争较为严重,市场正常环境受到扰乱,不利于旅游产业的长远发展。在整合资源的基础上开展合作,提升区域旅游竞争力,互利共赢。

五、做大旅游市场,提高旅游吸引力

在整合的基础上着眼于更为广阔的国内乃至国际市场,推出更具针对性的特色旅游产品,丰富产品种类,增强对游客的吸引力,做大做强旅游市场,推动区域旅游产业的进一步发展。

第二节　区域旅游空间整合融入

旅游空间整合就是调整旅游空间发展过程中的不平衡、不和谐因素,以期提供解决问题的途径与方法。同时旅游空间整合是中国国内旅游行业逐渐从粗放经营的初级阶段走向成熟阶段的标志之一,是旅游行业的基本发展趋势之一。石头咀镇在旅游空间整合上不仅要着眼于镇域范围,而且要以广阔的视角将周边区域纳入整合范围,以期实现石头咀镇旅游业与周边合作共生,得到更好的发展。以大别山地区的英山县、罗田县及金寨县为例,三地旅游业都以山地乡村旅游为主题,存在一定竞争关系;然而深入分析可以发现,三地资源特点其实存在差异,相互之间互补性很强,具备良好的整合条件。在未来发展中重在构建该区域旅游空间新秩序,为区域旅游产业发展提供新动力,进一步推动区域整合与协同发展。

一、旅游空间整合融入

1. 英山县域旅游空间整合融入

英山县旅游资源类型丰富,资源质量高,其旅游资源空间整合情况如图 8-1 所示。

山岳资源整合:在考虑县域旅游空间布局的时候,应该考虑由西向东依次经过吴家山区域的大别山国家地质公园、吴家山国家森林公园、大别山国家级自然保护区、五峰山、桃花冲景区,通过 X218 县道以及鄂皖大道将该类资源有机整合为一体,从而实现整个山水景观的协同发展。

水体资源整合:东河和西河在英山县中心地带交叉并呈现"Y"字形结构,将北部张家咀水库、红花水库与南部白莲河水库在空间上整合为一体,将石头咀镇作为带动英山县水体休闲资源空间整合的重心之一。重组水体资源,开展水上户外运动项目,为下一步的旅游发展打下基础。

宗教资源整合:以南武当、玉皇顶等北部宗教圣地为起点向南至仙人台佛教圣地,以现有 S201 省道为交通轴线,将宗教文化资源整合在一起。石头咀镇宗教文化资源相对丰富、历史悠久,在英山县域该类资源中占有重要地位,因此统筹英山县范围内宗教文化资源,提升特色鲜明的宗教文化旅游品牌知名度,可更好地打造宗教旅游目的地。

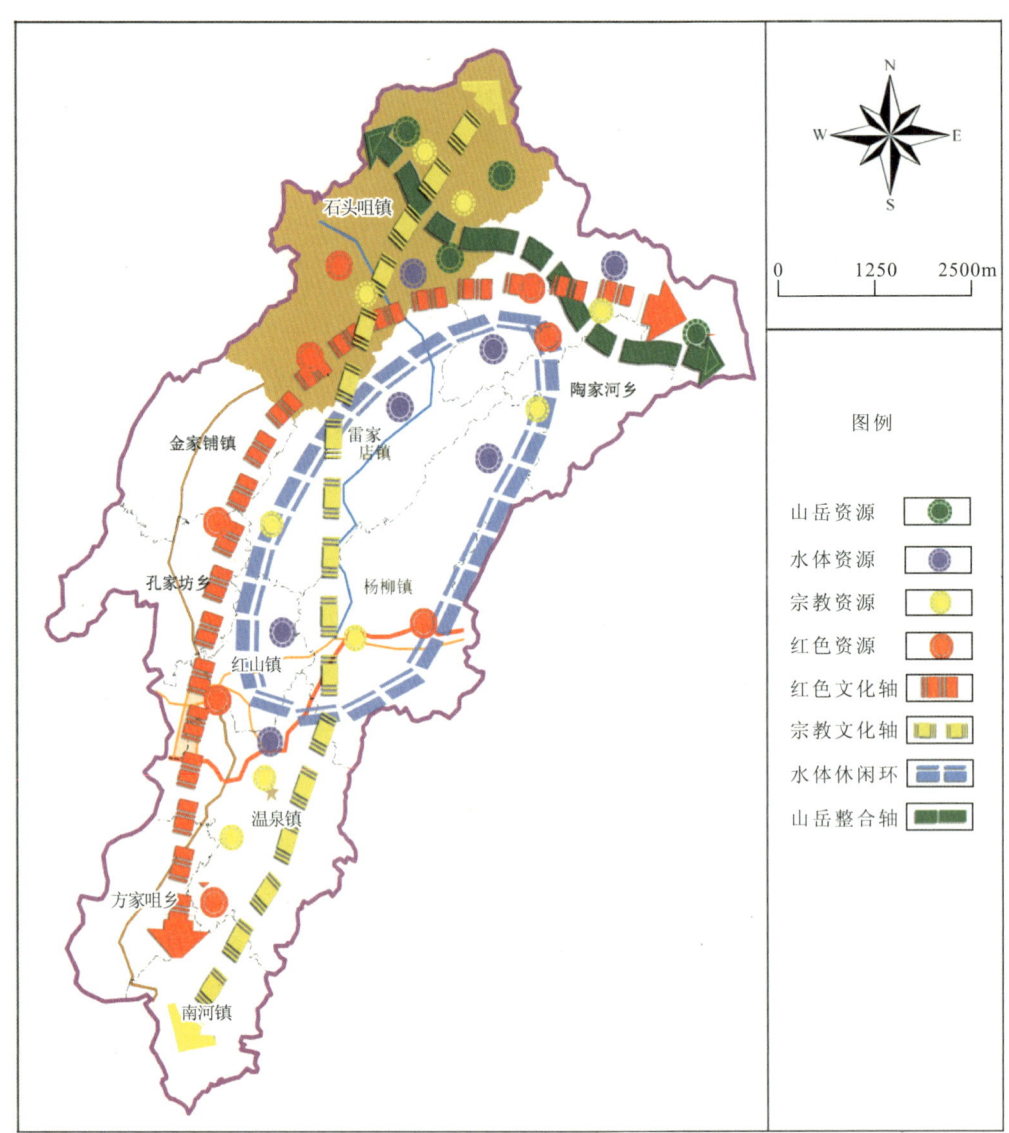

图 8-1　英山县域旅游资源空间整合图

红色资源整合：英山是一方红色文化"沃土"，是一座红色资源"富矿"，应充分挖掘英山红色文化资源优势，利用 S201 省道交通主线对县域红色文化进行重组，构建完整的红色文化带。可将石头咀镇镇域内的红色文化资源快速整合，使其融入英山县域红色革命文化旅游带，并将其发展成为促进本地旅游产业提升的优势资源。

在对英山县的旅游资源进行整合的基础上,利用 S201 省道贯穿全县的交通优势条件,形成以石头咀镇为核心的山岳休闲环、红色文化轴、宗教文化轴和山岳整合轴,以此增强英山县整体的旅游吸引力,推动旅游产业的发展。

2. 黄冈市域旅游空间整合融入

黄冈市下辖七县(红安、罗田、英山、浠水、蕲春、黄梅、团风),两市(武穴、麻城),以及黄州区、龙感湖管理区、黄冈高新区、黄冈临空经济区、白莲河示范区,面积 1.74 km²。黄冈历史文化源远流长,有 2000 多年的建制历史,人杰地灵,景色秀丽。黄冈市域内旅游资源丰富,北部区域以英山县为代表,山水景观、宗教文化、红色文化资源极具特色。中部及南部区域以蕲春县为代表,该县历史悠久、名人辈出,拥有众多优质历史文化旅游资源。因此,黄冈市域旅游空间可划分为以山水景观、宗教文化、红色文化为主的北部区域和以历史文化为主的中南部区域。

黄冈市域旅游资源空间整合情况如图 8-2 所示。

山岳资源整合:黄冈市域内山岳资源丰富,分布广泛,各具特色。吴家山区域山岳资源相对集中,此外,桃花冲、五峰山、龟峰山、天台山、大横岗山、大三角山、云丹山等也是黄冈市域内的重要山岳景观。以大别山主峰所在的吴家山区域为核心,利用现有武英高速等其他交通道路,整合山岳资源,以石头咀镇为开端,进一步促进黄冈市山岳旅游的发展和空间整合。

红色资源整合:以英山县烈士陵园,红安县鄂豫皖苏区中心烈士陵园、七里坪革命遗址群、董必武故居、李先念故居,麻城县麻城烈士陵园、乘马会馆,罗田县胜利革命烈士陵园、胜利老街,浠水县闻一多纪念馆,蕲春县高山铺战役纪念馆,黄梅县红十五军诞生地,武穴市田镇渡江战役遗址"红色渡口"、陈潭秋故居,团风县黄冈革命烈士陵园、林育南故居等红色文化资源为节点,利用 G318 国道、G106 国道等道路将各个资源点在空间上有效整合。石头咀镇红色文化资源分布集中,在黄冈市占有重要地位,有助于推动石头咀镇融入黄冈市域的红色文化旅游资源空间整合和总体布局。

水体资源整合:黄冈市域内湖泊河港众多,以英山温泉、天堂湖、白莲河水库、仙人湖、龙感湖和武山湖等为代表的水体资源遍布全市,在对水体资源进行整合分析的基础上,可在全市范围内因地制宜开展水上旅游项目及活动,促进水上旅游项目与其他旅游项目的协调发展。

以 G318 国道为主轴线,利用其流通能力促进沿线地区的旅游空间整合,将石头咀镇纳入该线路,形成"两轴"(红色文化轴、绿色生态轴)、"两环"(生态整合环、文化整合环)的旅游空间路线,推动该区域旅游空间的融合。

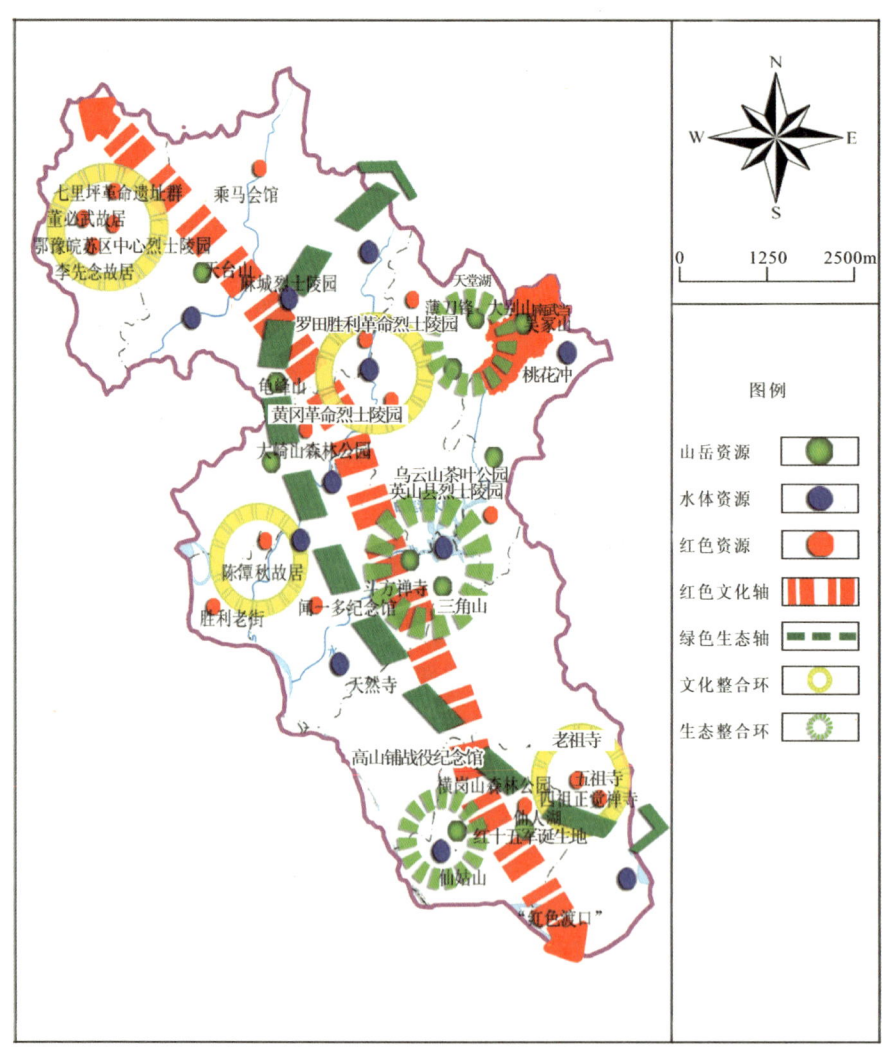

图 8-2 黄冈市域旅游资源空间整合图

3. 武汉城市圈旅游空间整合融入

武汉城市圈是指以武汉市为圆心,包括黄石、鄂州、黄冈、孝感、咸宁、仙桃、天门、潜江周边8个城市所组成的城市圈。该区域人口和地区生产总值占据着湖北省的较大份额,消费能力强,消费需求旺盛。目前城市圈内旅游资源品类,资源特色各异,其中武汉以水域风光、都市风光、历史人文资源为主;黄石市以矿冶文化、山水文化为主;鄂州市以湖泊景观为主；黄冈市以山地景观、红色文化、名人文化为主；孝感市以孝文化及北部山地景观为主；咸宁以温泉资源、历史文化资源为主；仙桃市、天门市以历史文化遗产为主；潜江市以水域风光文化遗址为主。由此可见，在武汉城市圈内旅游资源丰富，类型众多，但在空间上分布较为零散。

武汉城市圈的旅游资源整合图如图 8-3 所示。

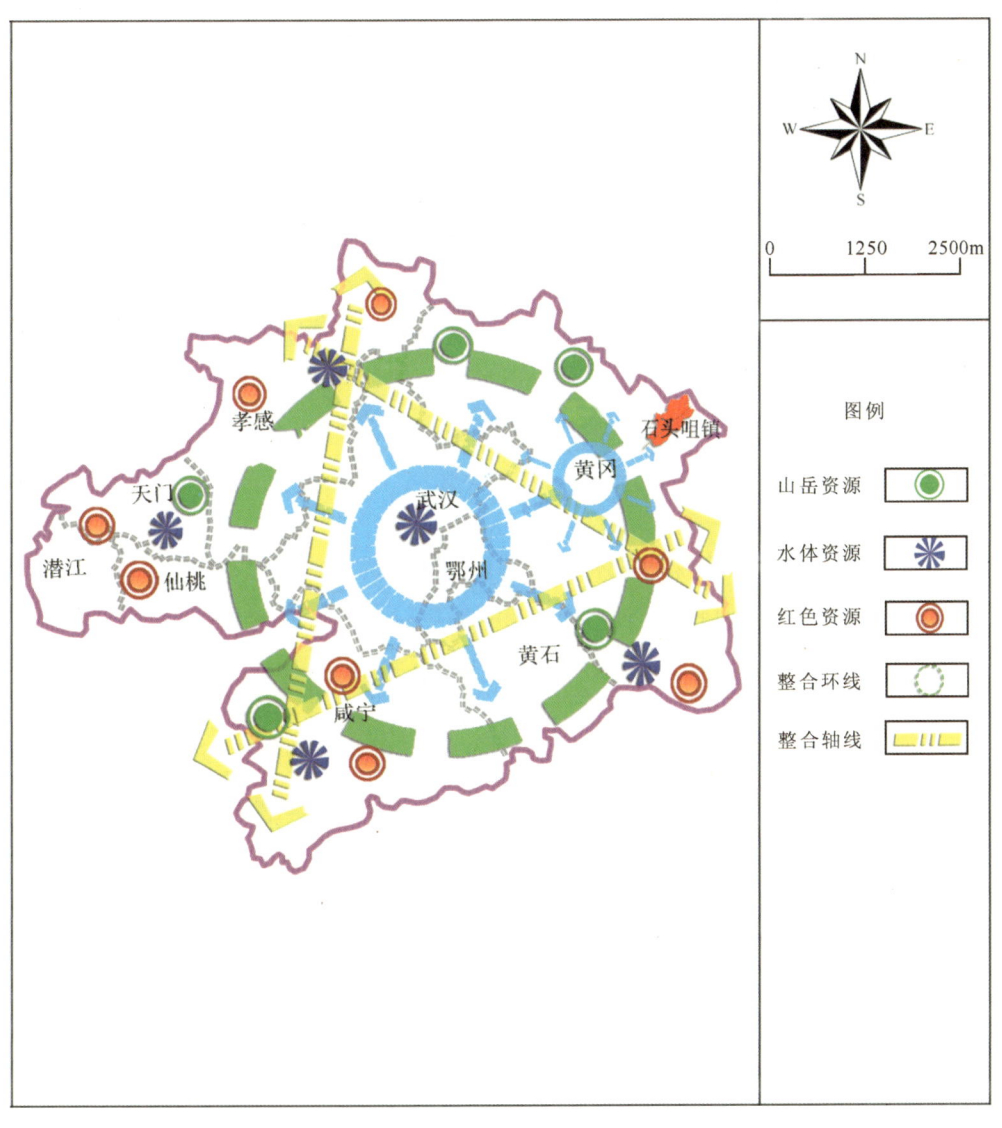

图 8-3 武汉城市圈旅游资源整合图

山岳资源整合：宜以作为大别山山岳文化代表之一的吴家山区域的大别山国家地质公园、吴家山国家森林公园、大别山国家级自然保护区为主导，利用武英高速、G107国道等快速交通网络将孝感双峰山、咸宁九宫山等山岳连为一整条旅游线路，整合为一个有机体，在空间上加强交通联系，在经营上加强互助和信息共享。

红色资源整合：黄冈和咸宁都拥有丰富的红色文化资源。可新建或延长"红色旅游公路"，建设由黄冈直达咸宁的路网，为有效整合两地红色文化资源提供便利，促进红色文化资源的空间整合。

水体资源整合：武汉城市圈拥有着网状交错的河湖水体资源，如武汉市的东湖、黄冈市英山县的张家咀水库、仙桃市最大的淡水湖——排湖、黄石市的仙岛湖、咸宁市著名的地热水资源——温泉等，水体资源丰富、类型多样。

武英高速公路使武汉、英山两地之间的交通便捷度大大提高，空间联系也得到增强，有利于加强英山县域与整个武汉城市圈的旅游资源联系。武黄高速公路可促进武汉市与黄石市及武汉城市圈其他城市的有机联系，形成以整合环线和整合轴线组成的武汉城市圈旅游空间路线，作为武汉后花园核心区域的石头咀镇宜以积极的姿态加强同整个武汉城市圈的联系和融入，以期实现旅游产业的快速发展和品质提升。

4. 省域旅游空间整合融入

大别山享誉海内外，主峰周边有安徽省金寨县，湖北省英山县、罗田县，各县旅游资源的开发在具有明显同质化倾向的同时也保存着自己独特的资源禀赋和发展取向。不同于其他旅游区，环大别山主峰区在地理上并未分割，仅是因为行政区划不同而将其分隔。环大别山主峰区资源类型丰富，景色宜人，在区位上是淮河流域与长江流域的分水岭，且其地质条件复杂、地质年代久远，具有很高的科普文化价值，因此将它们进行有机整合意义重大，有助于推进区域旅游的共同进步和竞争力的不断提升。

省域旅游资源空间整合情况如图8-4所示。

山岳资源整合：以吴家山区域的大别山主峰国家地质公园、吴家山森林公园、吴家山国家级自然保护区为中心，打通通往三地的道路网，将三区有效整合，推动环大别山旅游区的发展。

红色资源整合：以英山县烈士陵园、红二十八军纪念馆、羊角尖战斗旧址、陶家河革命根据地纪念碑等红色旅游资源为起点，利用鄂皖通道及G318国道加强与金寨、罗田的红色文化资源的空间联系，建成形成旅游回路的完整红色文化圈。石头咀镇在空间上正好处于两省三县的中心位置，且其境内红色革命文化遗迹保留较多，因此，石头咀镇在整

第八章 区域旅游合作与共生

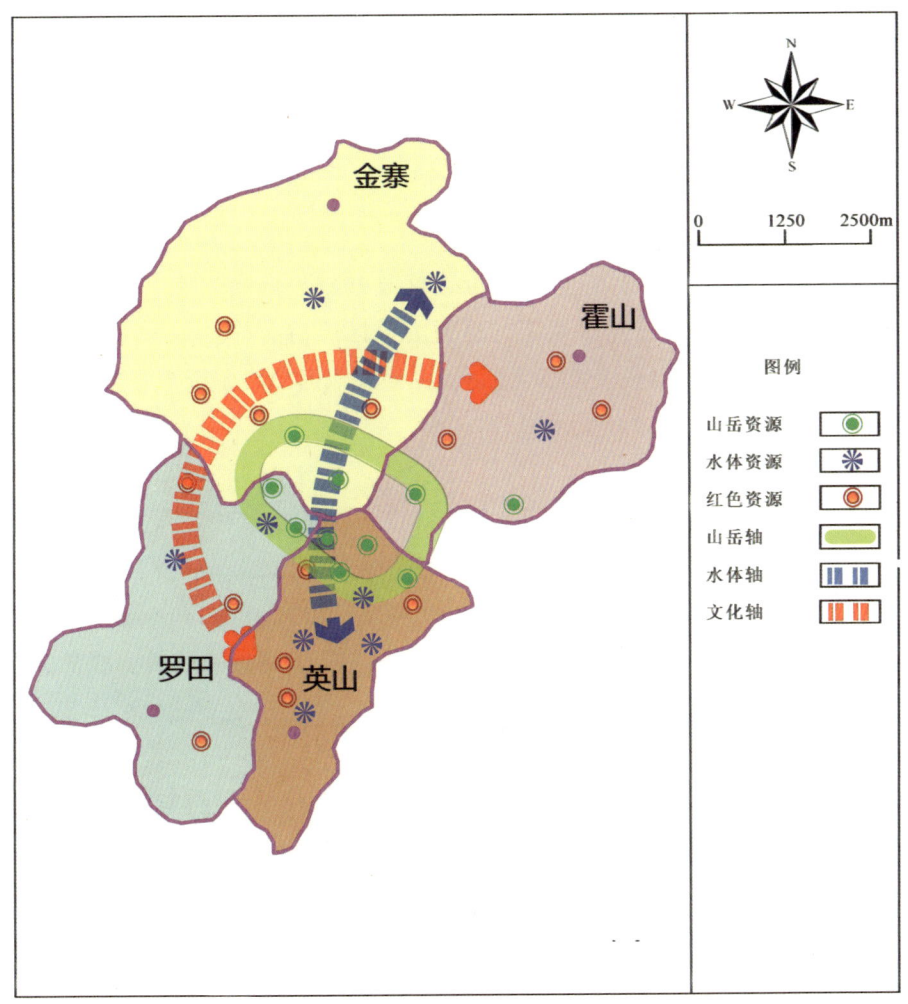

图 8-4　省域旅游资源空间整合图

合区域红色文化资源的工作中具有关键性的作用。

水体资源整合：英山、罗田的水体资源丰富，同时金寨、霍山也分布有多个水库及湖泊。利用现有的 S201 省道等路网打通该区域的空间联系，从而将分布于四县的水体资源有效整合。石头咀镇水资源丰富，以石头咀镇水体资源为基础，引领区域水体资源的整合和旅游产品的打造。

目前，合武高速公路、高速铁路都在建设中，将来两条路网必将成为大别山区域的交通核心之一。环大别山区域是整个大别山地区旅游资源景观的核心地带，石头咀镇又处于该区域的中心，在石头咀镇旅游空间整合布局的过程中，该区域是极为重要的一环。

石头咀镇宜利用自身优良的资源、优越的区位条件,把自身打造成为该区域旅游空间布局整合上的重要节点和通道,引领区域旅游业的发展。

二、整合对策和建议

1. 构建交通大动脉,完善区域大网络

各区拥有良好的整合基础,但由于地处山区且基础设施尚不完善,再加上经济基础较为薄弱,交通网络不够发达甚至缺乏。这成为该区旅游合作的瓶颈之一,打通此区域内的交通大动脉,为人员、物资交流提供便利,可促进该区域旅游资源在空间上的整合。

2. 设计旅游路线

随着经济的持续快速发展,旅游行业发展速度也进一步加快。人们的旅游需求不断增加,同时,对旅游产品的需求也呈现出较强的差异性。因此,一条设计合理、独具特色的旅游路线已成为旅游景区提升竞争力的制胜法宝。根据资源的分类情况进行同类化组合或差异化组合,针对不同人群设计不同路线,从而最大化增强旅游路线的吸引力。

3. 政府牵头成立协作机构

区域旅游的合作涉及不同地域、不同利益主体,关系较单一主体更为复杂。因此,将多区的旅游合作组织好并取得良好的社会效益和经济效益,离不开一个合理有效的协作机构。由政府牵头,各景区之间经营主体合作协调,在各旅游区之间就景区门票等各项制度进行协调,加强各地区的联系,实现真正的跨区域旅游整合和互通,增加各区的游客量,从而创造更多的经济效益。

4. 深挖文化内涵,打造特色产品

各区旅游资源有一定同质化的现象,但从其文化内涵角度分析,各区均有所不同,可针对各地不同特点深入挖掘,进行产品打造和营销,为后期推广、宣传打好基础。如石头咀镇以山水资源、宗教资源、红色文化资源见长,可在此基础上进行细致研究,推出独具特色的旅游产品。

5. 打响大别山品牌,促进旅游业大发展

大别山覆盖范围广,历史上即以横跨三省而闻名,该区是典型的革命老区,在全国范

围内都拥有显著的影响力。该区旅游资源禀赋高、数量多、类型全,在全国旅游市场中占据重要位置。各区域应该以大别山品牌为核心,团结协作、抱团发展,特别是在对外旅游宣传中应该着重推介大别山这一核心品牌理念,促进整个大别山区域的旅游业发展。

第九章 旅游发展措施建议

第一节 体制保障

旅游业持续、高效、健康的发展离不开统一、顺畅而有效的管理体制。旅游产业能否在较短的时期内打开新局面,发展成为优势产业,很大程度上取决于能否理顺旅游开发建设与行政管理之间、政府与投资主体之间、投资主体与当地居民之间的关系,并为旅游开发创造宽松、和谐、有利的环境。因此,针对石头咀镇旅游业现状,按照旅游资源所有权、管理权、经营权相分离的原则,大力推进旅游区域的管理体制和经营体制改革。

一、组建旅游公司,实行产业化管理

要加快旅游经济的发展,必须遵循市场经济规律,按照"政府主导、企业运作、社会参与"的模式和建立现代企业制度的要求,以各景区为单元组建旅游经济发展公司,景区内的饭店、酒店等旅游经营单位,由旅游管理部门实行统一管理,逐步实行产业化经营。各旅游经济实体是独立的法人单位,实行独立自主、自负盈亏的机制,以增强其旅游经济实体的活力和竞争力。

二、明确企业与政府之间的关系

在政府与企业的分工上应遵循:政府做品牌、企业做客源,在明确各自工作重点的同时,政府和企业的职责、形象和产品的营销又是紧紧相连的。企业如果离开了政府的指导,只是单打独斗,找不到市场的切口,盲目的发展无法产生良好效益,往往是事倍功半,甚至形成恶性竞争,造成市场秩序混乱,企业再想恢复生机会很困难,更主要的是丧失了发展的大好机会。企业要集中精力开拓市场,利用政府取得的品牌效应,通过采取各种促销方法,建立营销网。

第二节　机制保障

在政府引导、部门配合、社会参与的大旅游发展格局下,逐步建立健全石头咀镇旅游发展的自我完善机制、创新机制、动力机制和市场机制。

一、自我完善机制

政府每年就旅游业发展作出专题部署,并建立由分管领导牵头的旅游协调议事机构或制度。政府每年召开旅游工作会议,发布旅游业管理规章或规范性文件,部署年度重要工作。

二、创新机制

兼收并蓄,不断创新,通过石头咀镇旅游的产品创新、形式创新和技术创新,建立石头咀镇旅游发展的创新机制,推动石头咀镇旅游的产业结构高级化。大力推广国际先进的旅游开发方式、管理方式和服务方式,提高旅游企业的竞争能力和盈利能力。

三、动力机制

石头咀镇政府应鼓励利用有关专业会议、博览交易、文艺演出、体育赛事、科技交流等活动,促进旅游业的发展。积极培育旅游企业集团,培育龙头企业,推动跨行业、跨部门、跨地区的旅游产品链和旅游经济链发展,形成旅游网络和旅游经济群落,推动本土化、全球化并进。

四、市场机制

转变政府职能,政企分开,建立健全现代企业制度,消除行业之间、部门之间的壁垒,建立健全统一市场,真正做到发挥市场机制在资源配置中的作用。对重点旅游开发区的开发和管理,要以市场经济的规律和要求为准则,勇于冲破既得利益、部门利益、地区利益的局限,站在大旅游的角度,研究和解决旅游业发展中的保护和利用问题。

第三节　政策支持

对旅游产业的政策主要从旅游产业地位、旅游产业促进政策及旅游产业可持续发展等方面着手制定。

一、旅游产业主导政策

实施"旅游带动工农"战略，确立旅游产业作为全镇主导产业的地位，真正把旅游产业作为产业结构调整的重点和经济发展的增长点来加以扶植。

二、可持续发展政策

该政策以旅游产业发展为中心，在旅游开发中注重旅游资源和环境的保护，注重自然生态与人类社会的和谐，关注区域内人民生活质量的提高，促进经济、社会、生态的协调发展和旅游产业可持续发展。

三、产权政策

该政策明确界定镇域内各类旅游资源的产权关系，引导产业主体的开发行为理性化、长期化，避免恶性竞争，同时通过法律法规对产权权益实施有效保护，促进旅游资源合理配置和持续有效利用，并依据法律法规建立相应的产权交易机制与规则，通过产权交易促进旅游资源合理配置，调动不同经济主体的开发积极性。

四、投融资政策

该政策积极鼓励和引导多种经济成分参与旅游产业，广辟投资渠道，大力支持民营和外资旅游企业及旅游项目的发展，并完善投入机制、配套落实相关优惠政策，包括简化项目审批程序，为重大项目审批开辟绿色快捷通道；对纳入全镇旅游开发的景区（点）建设项目，要确保用地、优先供地；根据项目类型和规模提供差别化的投资金融支持、财政支持和税收支持等优惠政策。

主要参考文献

阿马蒂亚·森,2001. 贫困与饥荒:论权利与剥夺[M]. 王宇,王文玉,译. 北京:商务印书馆.

白露,2021.体验视角下的乡村旅游产品开发研究[J].农业经济(3):48-50.

蔡新良,虞洪,2019.乡村振兴视角下民族传统文化资源的旅游创新转化研究[J].农村经济(5):137-144.

蔡雄,1997.旅游扶贫的乘数效益与对策研究[J].社会科学家(3):4-16.

蔡雄,连漪,程道品,等.1999.旅游扶贫:功能·条件·模式·经验[M].北京:中国旅游出版社.

曹诗颂,赵文吉,段福洲,等,2015.秦巴特困连片区生态资产与经济贫困的耦合关系[J].地理研究,34(7):1295-1309.

陈非,庄伟光,李坚诚,2012.区域旅游合作的"核心-边缘"模式及动力机制:以"海西"为例[J].广东社会科学(3):60-66.

陈睿,吕斌,2004.区域旅游地空间自组织网络模型及其应用[J].地理与地理信息科学,20(6):81-86.

陈香,徐振宇,2015.新时期安徽省大别山片区扶贫开发存在问题及对策研究[J].农村建设与发展(3):189-191.

冯雪红,张欣,2021.新时代生态文明建设的主要研究路径[J].中南民族大学学报(人文社会科学版),41(2):67-77.

葛立成,邹益民,聂献忠,2007.中国区域旅游合作问题研究:基于主体领域和机制的分析[J].商业经济与管理(1):70-75.

葛全胜,席建超,2015.新常态下中国区域旅游发展战略若干思考[J].地理科学进展,34(7):793-799.

郭清霞,2003.旅游扶贫PPT战略及其特征:以湖北省为例[J].湖北大学学报(哲学社会科学版)(5):110-113.

郭占峰,2014.当前西部农村贫困的特征与扶贫路径转向:以秦岭山区5个贫困村的调查为例[J].农村经济(3):61-64.

国家统计局《中国城镇居民贫困问题研究》课题组,1990.中国城镇居民贫困问题研究[J].统计研究(6):7.

黄爱宝,2006.生态文明与政治文明协调发展的理论意蕴与历史必然[J].探索(1):58-61.

贾若祥,侯晓丽,2011.我国主要贫困地区分布新格局及扶贫开发新思路[J].中国发展观察(7):27-30.

金久仁,2020.教育扶贫内涵指涉与路径转型[J].教育与经济,36(2):10-18.

蕾切尔·卡逊,1997,寂静的春天[M].吕瑞兰,李长生,译.长春:吉林人民出版社.

李美霖,2015.中国生态旅游区域合作机制研究[J].改革与战略,31(6):148-151+169.

李茜燕,2016.大数据背景下旅游信息与区域旅游合作的耦合研究[J].情报科学,34(4):129-132.

李钰,2019.新时代我国生态文明建设的作用、创新及特色发展[J].重庆社会科学(9):70-81.

林晓桃,揭筱纹,2016.我国跨省界区域旅游目的地合作运行机制研究[J].经济问题探索(4):60-65.

刘汉成,夏亚华,2012.跨界旅游合作面临的困境与整合开发:以大别山地区为例[J].企业经济,31(5):138-140.

刘宇翔,2015.欠发达地区农民合作扶贫模式研究[J].农业经济问题,36(7):37-45.

罗芳,夏庆利,邓高燕,2013.大别山区域旅游竞合机制的博弈分析[J].国土资源科技管理,30(2):46-51.

罗庆,李小建,2014.国外农村贫困地理研究进展[J].经济地理,34(6):1-8.

孟秋莉,2018.贫困人口视角下的旅游扶贫经济效应研究[J].统计与决策,34(14):107-111.

聂荣,苏剑峰,2020.中国农村贫困动态特征及其区域差异[J].华南农业大学学报(社会科学版),19(5):27-38.

欧阳志云,郑华,岳平,等,2013.建立我国生态补偿机制的思路与措施[J].生态学报,33(3):686-692.

庞静,2016.中西部区域旅游合作模式及路径研究[J].旅游纵览(下半月)(10):79-80+82.

宋魁,2011.东北亚区域旅游合作的新态势与新构想[J].东北亚论坛(1):27-33.

孙贤斌,王哲,2014.安徽省大别山区扶贫开发的产业选择和发展对策[J].亚热带资源与环境学报,9(4):63-67.

田苗,严立冬,邓远健,等,2012.湖北大别山区生态扶贫问题探析[J].农村经济与技术,23(12):16-18.

汪三贵,刘明月,2019.健康扶贫的作用机制、实施困境与政策选择[J].新疆师范大学学报(哲学社会科学版),40(3):82-91+2.

王建民,2012.扶贫开发与少数民族文化:以少数民族主体性讨论为核心[J].民族研究(3):46-54.

王娟,杨晨,2019.中国旅游集团业务布局特征与形成机制研究[J].旅游学刊,34(8):53-64.

王俊文,2012.我国贫困地区乡村旅游发展的现实选择[J].社会科学辑刊(1):61-64.

王庆生,张行发,郭静,2019.基于共生理论的乡村旅游精准扶贫模式和路径优化研究:以山东省沂南县竹泉村为例[J].地域研究与开发,38(3):108-112.

王新越,朱文亮,2019.山东省乡村旅游竞争力评价与障碍因素分析[J].地理科学,39(1):147-155.

吴必虎,2015.旅游到底有多少要素?[J].环球人文地理(10):10.

吴洪梅,2010.基于利益主体理论的区域旅游合作模式分析[J].商业时代(20):122-123.

吴军,2007.中国区域旅游合作时空演化特征分析[J].旅游学刊(8):35-41.

吴伟东,2012.城市转型过程中的移民贫困问题与社会救助制度的应对[J].城市观察(6):92-102.

吴新颖,2005.关于贫困地区发展旅游业的思考[J].经济地理,25(3):430-432.

向海,周帆,2011.如何改善农民贫困现状策略分析[J].中国新技术新产品(16):254-255.

许翔宇,2012.贫困地区农户脱贫的困境与出路:基于农产品供应链的视角[J].农业经济问题(9):92-96.

燕连福,赵建斌,毛丽霞,2021.习近平生态文明思想的核心内涵、建设指向和实现路径[J].西北农林科技大学学报(社会科学版),21(1):1-9.

杨龙,李宝仪,赵阳,等,2019.农业产业扶贫的多维贫困瞄准研究[J].中国人口·资源与环境,29(2):134-144.

杨美霞,2019.乡村旅游开发的现实困境、不足及其化解[J].社会科学家(1):76-80.

杨荣斌,郑建瑜,程金龙,2005.区域旅游合作结构模式研究[J].地理与地理信息科学,21(5):95-98.

杨效忠,张捷,彭敏,2011.跨界旅游区合作的特征及影响机制研究[J].地理科学,31(10):1189-1194.

杨艳蓉,2013.论"川黔渝旅游金三角"区域旅游合作发展模式[J].学术交流(10):94-97.

叶俊,2012.民族村寨社区参与旅游规划路径研究:以西双版纳曼景法旅游社区为例[J].热带地理,32(3):300-306.

叶俊,2015.基于社区参与的大别山旅游扶贫开发模式研究[J].湖北农业科学,54(7):1766-1769.

于涛,2019.中国的经济增长、收入差别变动与城市贫困:基于城市内部二元结构的分析[J].财贸研究,30(5):1-12.

袁媛,古叶恒,陈志灏,2016.中国城市贫困的空间差异特征[J].地理科学进展,35(2):195-203.

曾本祥,2006.中国旅游扶贫研究综述[J].旅游学刊(2):89-94.

曾迎霄,2022.旅游扶贫与乡村振兴有效衔接的内在逻辑及政策选择[J].农业经济(3):62-64.

战丽娜,2018.基于竞合视角下区域旅游合作发展模式研究[J].中国民族博览(10):51-52.

张辉,张晓明,2010.城际铁路时代南昌九江区域旅游深度合作研究:兼议双核联动与旅游产业集群发展模式[J].生产力研究(7):139-141.

张家其,吴宜进,葛咏,等,2014.基于灰色关联模型的贫困地区生态安全综合评价:以恩施贫困地区为例[J].地理研究,33(8):1457-1466.

张强,李明元,2021.先赋性还是自致性:城市流动人口贫困代际传递——基于中国家庭追踪调查数据(2010—2014)的实证分析[J].华南师范大学学报(社会科学版)(2):45-57,205-206.

张尹莉,丁先存,张苗,2015.区域合作模式在地方政府合作组织中的运用研究[J].安徽大学学报(哲学社会科学版),39(1):143-148.

张智光,2019.新时代发展观:中国及人类进程视域下的生态文明观[J].中国人口·资源与环境,29(2):7-15.

赵曼,程翔宇,2016.劳动力外流对农村家庭贫困的影响研究:基于湖北省四大片区的调查[J].中国人口科学(3):104-113+128.

赵莹,刘小鹏,郭咏杰,2014.基于GIS的宁夏六盘山区空间贫困特征模型分析[J].水土保持研究,21(5):94-99.

周兵,黄显敏,任政亮,2018.民族地区旅游产业精准扶贫研究:以重庆市酉阳县为例[J].中南民族大学学报(人文社会科学版),38(1):85-89.

周丽莎,2011.基于阿玛蒂亚·森理论下的少数民族地区教育扶贫模式研究:以新疆克孜勒苏柯尔克孜自治州为例[J].民族教育研究(2):98-101.

CRACOLICI, MARIA F, PETER N, et al., 2008. Assessment of tourism competitiveness by analysing destination efficiency[J]. Tourism economics, 14(2):325-342.

DE ARAUJO L M, BRAMWELL B, 2002. Partnership and regional tourism in Brazil[J]. Annals of tourism research,29(4):1138-1164.

MARCH R, WILKINSON I, 2009. Conceptual tools for evaluating tourism partnerships[J]. Tourism management, 30(3):455 – 462.

OAKES T, 1998. Tourism and modernity in China[M]. London: Routledge.

RAGNAR N, 1953. Problems of capital formation in underdeveloped countries[M]. New York: Oxford University Press.